中国证券监督管理委员会年报

中国证券监督管理委员会　　编著

2022

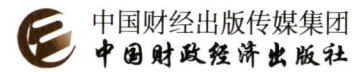
中国财政经济出版社

图书在版编目（CIP）数据

中国证券监督管理委员会年报 .2022/ 中国证券监督管理委员会编著 . —— 北京：中国财政经济出版社，2023.8

ISBN 978—7—5223—2425—8

Ⅰ.①中… Ⅱ.①中… Ⅲ.①证券交易－金融监管－中国－2022－年报 Ⅳ.① F832.51－54

中国国家版本馆 CIP 数据核字（2023）第 151330 号

责任编辑：胡　懿　　　　　责任校对：张　凡

责任印制：党　辉

中国证券监督管理委员会年报 2022
ZHONGGUO ZHENGQUAN JIANDU GUANLI WEIYUANHUI NIANBAO 2022

中国财政经济出版社 出版

URL：http://www.cfeph.cn

E-mail：cfeph@cfemg.cn

（版权所有　翻印必究）

社址：北京市海淀区阜成路甲 28 号　邮政编码：100142

营销中心电话：010-88191522

天猫网店：中国财政经济出版社旗舰店

网址：https://zgczjjcbs.tmall.com

北京时捷印刷有限公司印装　各地新华书店经销

成品尺寸：210mm x 297mm　16 开　9.5 印张　230 000 字

2023 年 8 月第 1 版　2023 年 8 月北京第 1 次印刷

定价：98.00 元

ISBN 978-7-5223-2425-8

（图书出现印装问题，本社负责调换，电话：010-88190548）

本社质量投诉电话：010-88190744

打击盗版举报热线：010-88191661　QQ：2242791300

目录 | Contents

主席致辞

中国证监会简介

监管架构	7
管理层	8
组织架构	9
国际顾问委员会	10
人力资源	11

全面从严治党

学习宣传贯彻党的二十大精神	15
狠抓思想和政治建设	16
深入开展纪检监察工作	16
加强党的组织建设	18

资本市场改革发展情况

多层次股权市场	23
交易所债券市场	31
期货与衍生品市场	34
基金市场	37
资本市场经营机构	38

服务实体经济

支持科技自立自强	41
服务中小微企业	42
助力绿色低碳转型	43
服务乡村振兴	44
支持疫情后经济复苏	46

市场监管与法治

强化日常监管	49
稽查执法和打非清整	53
防范化解金融风险	55
资本市场法治建设和提高证券违法成本	57

保护投资者合法权益

优化投资文化理念	61
完善投资者保护机制	61
健全投资者行权维权机制	61
提升投资者服务水平	61
加强投资者教育	62

对外开放

资本市场双向开放	65
国际交流与合作	67

附录

附录 1	2022 年证券期货市场监管大事记	71
附录 2	2022 年颁布的部门规章和规范性文件	74
附录 3	系统单位简介及联系方式	76

附表

附表 1	中国证券期货市场主要统计数据（2013—2022 年）	89
附表 2	证券公司一览表	90
附表 3	基金管理公司一览表	96
附表 4	期货公司一览表	102
附表 5	合格境外投资者一览表	108
附表 6	合格境外投资者托管银行一览表	133
附表 7	境外证券类机构驻华代表处一览表	134
附表 8	境外交易所驻华代表处一览表	137
附表 9	双边监管合作谅解备忘录一览表	138

后记　　　　　　　　　　　　　　　　　　　　　　　　144

主席致辞

2022年，中国证券监督管理委员会（以下简称证监会）紧扣迎接党的二十大和学习宣传贯彻大会精神这条主线，深入贯彻党中央、国务院决策部署，集中精力抓改革、促发展、防风险、强监管，资本市场高质量发展迈出新步伐。

在乌克兰危机、美国大幅度加息、疫情反复等内外部复杂环境下，我国资本市场运行总体保持平稳，市场功能得到较好发挥。资本市场改革向纵深推进，全力抓好全面实行股票发行注册制改革各项准备，上市公司治理专项行动圆满收官，风险类上市公司数量和占比持续双降，常态化退市局面基本形成。个人养老金投资公募基金政策落地，公募基金规模稳步增长。资本市场制度型对外开放不断深化，中美审计监管合作取得积极进展。资本市场法治建设实现新突破，期货和衍生品法颁布实施，行政罚没款优先用于投资者赔偿、虚假陈述民事赔偿司法解释等投保制度平稳出台。"零容忍"执法持续强化，公安、检察派驻体制优势充分发挥，从严从快查办了一批市场关注的大案要案。资本市场重点领域风险持续收敛、总体可控。

一年来，面对艰巨繁重的任务，证监会坚持和加强党对资本市场的全面领导，以政治建设为统领全面推进证监会系统党的建设。深入学习贯彻党的二十大精神，扎实推进中央巡视整改，打造忠诚干净担当的监管干部队伍，不断巩固风清气正的政治生态，为资本市场改革发展提供了坚强保障。

2023年是贯彻党的二十大精神的开局之年。证监会将坚持以习近平新时代中国特色社会主义思想为指导，认真贯彻党中央、国务院决策部署，进一步坚定信心、振奋精神，统筹推进资本市场改革发展稳定和证监会系统党的建设，坚定不移走好中国特色现代资本市场发展之路，更好服务中国式现代化，助力高质量发展。

中国证券监督管理委员会　主席
2023年6月

中国证监会简介

监管架构

管理层

组织架构

国际顾问委员会

人力资源

监管架构

中国证券监督管理委员会为国务院直属机构，依照相关法律、法规和国务院授权，统一监督管理全国证券期货市场，维护证券期货市场秩序，保障其合法运行。

中国证监会会机关负责制定、修改和完善证券期货市场规章规则，拟定市场发展规划，办理重大审核事项，指导协调风险处置，组织查处证券期货市场重大违法违规案件，指导、检查、督促和协调系统监管工作。

派出机构受中国证监会垂直领导，负责辖区内的一线监管工作，主要职责是：根据法律、行政法规规定及中国证监会的授权开展行政许可相关工作，对辖区内有关经营主体实施日常监管；负责辖区内风险防范与处置；查处辖区内的违法违规案件；整治辖区内非法证券期货活动；开展辖区内投资者教育与保护工作。

上海证券交易所（以下简称上交所）、深圳证券交易所（以下简称深交所）、上海期货交易所（以下简称上期所）、郑州商品交易所（以下简称郑商所）、大连商品交易所（以下简称大商所）、中国金融期货交易所（以下简称中金所）、广州期货交易所（以下简称广期所）、中国证券登记结算有限责任公司（以下简称中国结算）、中国证券投资者保护基金有限责任公司（以下简称投保基金公司）、中国证券金融股份有限公司（以下简称中证金融）、中国期货市场监控中心有限责任公司（以下简称中国期货市场监控中心）、全国中小企业股份转让系统有限责任公司（北京证券交易所，以下简称全国股转公司）、中国证券业协会（以下简称证券业协会）、中国期货业协会（以下简称期货业协会）、中国上市公司协会（以下简称上市公司协会）、中国证券投资基金业协会（以下简称基金业协会）等机构，对其会员（或参与人、上市公司、挂牌公司）及证券期货交易活动进行一线监管和自律监管。这些一线监管和自律监管构成证券期货监管活动的有效补充。

管理层

易会满

主席

李　超	**方星海**	**樊大志**	**王建军**
副主席	副主席	驻证监会纪检监察组组长	副主席

组织架构

中国证监会组织架构如图1-1所示。

图1-1 中国证监会组织架构

国际顾问委员会

国际顾问委员会（简称顾委会）是中国证监会的专家咨询机构，于2004年6月经国务院批准设立，由境外金融监管高级官员、金融机构高管以及知名专家学者担任委员。自2004年成立以来，顾委会每年召开一次会议，为促进中国证监会借鉴国际经验、加强国际交流合作、推进资本市场双向开放和稳定发展持续发挥积极作用。顾委会现共有委员15名，其中主席、副主席各1名。现任主席为霍华德·戴维斯先生，现任副主席为史美伦女士（见表1-1）。

表1-1　　　　　　　　　　　　　　国际顾问委员会委员名单

主席

霍华德·戴维斯 Howard DAVIES	国民威斯敏斯特（Natwest）集团主席，Inigo保险公司主席，英国金融服务局前主席，伦敦政治经济学院前院长

副主席

史美伦 Laura M. CHA	香港特别行政区行政会议非官守成员，香港交易所主席，汇丰控股非执行董事，中国证监会前副主席，香港证监会前副主席

委员（按英文姓氏首字母排列）

托马斯·布克 Thomas BOOK	德意志交易所集团执委会委员
马丁·弗拉纳根 Martin FLANAGAN	景顺集团总裁兼首席执行官
何晶 Ching HO	淡马锡信托基金会主席
戴赫龙 Colm KELLEHER	瑞银集团董事会主席，摩根士丹利前总裁
沃尔特·卢肯 Walter LUKKEN	美国期货业协会会长，美国商品期货交易委员会前委员、执行主席
里奥·梅拉梅德 Leo MELAMED	芝加哥商业交易所集团终身荣誉主席，Melamed & Associates全球咨询公司主席兼首席执行官，美国全国期货协会永久特别顾问

续表

斯蒂芬·罗奇 Stephen ROACH	耶鲁大学杰克逊全球事务研究所高级研究员，管理学院高级讲师；摩根士丹利亚洲区前主席，摩根士丹利前首席经济学家
玛丽·夏皮罗 Mary SCHAPIRO	彭博副董事长，美国证监会前主席，美国商品期货交易委员会前主席
大卫·施维默 David SCHWIMMER	伦敦证券交易所集团首席执行官
沈联涛 Andrew SHENG	香港大学亚洲环球研究院杰出研究员，香港证监会前主席，香港金融监管局前副总裁
氏家纯一 Junichi UJIIE	氏家经济研究所会长，前野村证券总裁兼首席执行官
温泽恩 John WALDRON	高盛集团总裁兼首席运营官
大卫·莱特 David WRIGHT	欧洲金融智库EUROFI主席，Flint Global 咨询合伙人，国际证监会组织前秘书长，欧盟委员会前智库成员

人力资源

截至2022年末，中国证监会工作人员共3 590人，其中，总部806人，派出机构2 784人，占比分别为22%和78%，平均年龄为38.2岁。

全面从严治党

学习宣传贯彻党的二十大精神

狠抓思想和政治建设

深入开展纪检监察工作

加强党的组织建设

学习宣传贯彻党的二十大精神

把学习宣传贯彻党的二十大精神作为首要政治任务。 党的二十大胜利召开后，证监会党委第一时间传达学习贯彻大会精神，迅速在系统内掀起学习宣传贯彻党的二十大精神的热潮。坚持提早谋划、积极行动，认真落实"全面学习、全面把握、全面落实"重要要求，结合证监会系统实际制定学习宣传贯彻党的二十大精神实施方案。坚持将资本市场一般规律与中国市场的实际相结合、与中华优秀传统文化相结合，加快建设中国特色现代资本市场，推动证监会系统学习宣传贯彻党的二十大精神持续走深走实、落地见效。

坚持高标准、立体化、全覆盖开展学习宣传活动。 证监会党委突出以上率下，党委同志先学一步、学深一层，分专题周密制定党委理论学习中心组计划，通过党委会创新理论学习"第一议题"、到分管部门和联系单位宣讲等形式深入开展学习研讨，切实发挥好领学促学作用。突出立体化宣讲宣传，邀请中央宣讲团成员为证监会系统作宣讲报告，党委主要负责同志面向全系统作专题宣讲，选派14名系统"一把手"组成宣讲团巡回宣讲，面向干部职工、面向基层和群众、面向市场和行业，联系思想和工作实际开展宣讲。围绕证监会系统学习贯彻情况开展系列宣传，推动各证监局和会管单位发挥贴近一线优势，深入开展"走进基层党组织、走进经营主体和投资者、走进帮扶点"活动，动员系统和行业机构增强舆论宣传合力，努力使学习宣传有声势、有深度、有亮点。

统筹抓好教育培训，力争突出重点全面覆盖。 持续推进创新理论武装，将学习贯彻党的二十大精神作为干部培训首要任务，印发《关于组织开展党的二十大精神教育培训工作的通知》，加强系统谋划，明确培训重点。组织开展会管干部学习贯彻党的二十大精神专题轮训班，压茬推进多形式、分层次学习培训。组织会机关离退休干部进行专题学习，推动系统各单位全面组织离退休干部深入学习党的二十大精神。坚持线上线下一体推进，及时启动面向全员的学习贯彻党的二十大精神网络专题培训班，线下采取脱产培训、专题研讨、辅导讲座等形式，实现学习培训不断线、形式多样有特色。加强过程管理，确保培训实效，建立"有部署、有跟进、有检查、有测试"闭环机制，将开展培训和参学参训情况作为年度考核、党员评议的重要内容，传导责任和要求，提升学习效果。

深学细悟笃行，深化对建设中国特色现代资本市场重大理论和实践问题的认识。 坚持理论联系实际，把学习党的二十大精神与学习贯彻习近平总书记关于资本市场的重要指示批示有机结合起来，运用习近平新时代中国特色社会主义思想的世界观和方法论以及贯穿其中的立场观点方法指导资本市场实践。在全系统组织开展"坚定不移走中国特色现代资本市场发展之路大讨论"，如"我为资本市场献一策"问卷调查和主题征文活动，深入思考如何把遵循资本市场一般规律与更好体现中国特色有机结合起来，围绕进一步坚持和加强党对资本市场全面领导、优化上市公司和投资者结构、构建中国特色的估值体系、培育成熟理性的投资文化、加强中小投资者保护等重点问题进行全方位探索，扎实推进资本市场理论创新、实践创新、制度创新。在"2022金融街论坛年会"开幕式上，证监会党委主要负责同志就学习贯彻党的二十大精神，加快建设中国特色现代资本市场做了深入阐述，引起市场参与各方的热烈反响和积极讨论。

深刻领悟"两个确立"的决定性意义，增强"四个意识"、坚定"四个自信"、做到"两个维护"，扎扎实实办好资本市场的事。 结合贯彻落实党的二十大精神，深刻把握新时代十年伟大变革的里程碑意义，深入谋划今后一段时期的任务，着眼于健全资本市场功能、提高直接融资比重，全力以赴抓好全面实行股票发行注册制这项重大改革落地，深入推动新一轮资本市场改革走稳走深走实，不断提升多层次资本市场服务实体经济的适应性和覆盖面，加快健全资本市场风险预防预警处置问责制度体系。做好"两个结合"，坚定不移地走中国特色现代资本市场发展之路，推动资本市场高质量发展不断取得新成效。

狠抓思想和政治建设

切实扛起中央巡视整改政治责任，推动巡视整改取得实效。以提升政治意识、公权力意识、服务意识和规矩意识为重点，在证监会系统各单位开展贯穿全年、全员参与的深化政治意识教育，加强督促检查和经验交流，推动政治意识教育常态化长效化，引导全系统党员、干部自觉从政治上看资本市场，不断提高政治判断力、政治领悟力、政治执行力。坚持严的主基调，突出政治引领、突出全面从严、突出重点群体、突出健全机制，聚焦管党、思想、治吏、作风、监督、反腐等"六个从严"，制订综合整改行动计划，推动系统管党治党一体推进、一严到底，系统上下严的氛围初步形成。

巩固拓展党史学习教育成果。落实中央《关于推动党史学习教育常态化长效化的意见》和证监会党委指示，制订印发会系统推进党史学习教育常态化、长效化的实施意见，持续做好宣传教育、跟踪督导。用好证监会内网"党史学习教育"专栏、《交流》杂志等平台，常态化、长效化推进"我为群众办实事"实践活动。宣传引导系统各单位（部门）巩固深化党史学习教育成果，牢牢把握资本市场的政治性和人民性。

抓牢抓实证监会系统意识形态工作。压实系统各级党委意识形态工作主体责任。落实定期通报制度，印发《证监会系统2021年意识形态工作情况的通报》。及时跟进落实党中央关于意识形态工作最新形势的部署要求，印发《关于进一步做好证监会系统2022年意识形态工作的通知》。开展线上宣传思想工作综合问卷调研，深入了解各单位落实意识形态工作情况、存在问题和意见建议。

加强证监会系统文化建设。落实中央和证监会党委要求，研究起草《中国证监会党委关于加强系统廉洁文化建设的实施意见》并印发全系统，为推进系统全面从严治党向纵深发展提供文化支撑。统筹推进廉洁文化和监管文化建设，把加强廉洁文化建设和落实监管文化建设年度目标任务结合起来，通过主题宣教、督导调研、授课培训等方式，贯通融合、一体推进。

深入开展纪检监察工作

提升政治监督精准性有效性，推动党中央重大决策部署和习近平总书记重要指示批示精神在证监会系统不折不扣落地落实。结合资本市场规律特点，持续完善资本市场重要事件通报、内外协同监督、"巡审结合＋纪检监察"、联合调研督查等政治监督制度机制。加强对证监会系统学习宣传贯彻党的二十大精神情况的监督，推动全系统迅速掀起学习热潮，不断把学习宣传贯彻工作引向深入。加强对全面实行股票发行注册制等资本市场重大改革发展任务的监督，深化运用约谈提醒、调研检查、驻点监督、巡回监督等机制，督促上海、深圳、北京证券交易所和证监会派出机构严把资本市场入口关。围绕防范化解金融风险，开展"回溯式"监督检查，推动加快完善资本市场风险防控长效机制。聚焦资本市场重大敏感事件及时跟进监督，全力保障市场稳定运行。

扎实开展对证监会党委和上海、深圳证券交易所3家单位中央巡视整改的全过程监督，抓好驻证监会纪检监察组自身整改工作。深入学习贯彻习近平总书记关于中央巡视和金融工作的重要指示批示精神，在带头抓好自身问题整改的同时，督促证监会系统按照"五个强化""四个融入"等工作要求，结合中央巡视指出的问题和金融系统共性问题，扎实开展"地毯式"整改，不断强化"证监讲政、监管姓监"意识。突出解决思想根源问题，督促证监会系统各级党组织在政治上"补课"、在思想上"充电"，深化对资本市场监管"国之大者"的理解和把握。压紧压实主体责任，聚焦建立联动协同机制、做好整改方案审核把关、强化追责问责，推动证监会党委和上海、深圳证券交易所党委整改工作出实招见实效。紧盯关键问题一改到底，围绕提升政治监督精准性、提高系统单位纪委履职能力、推进证监会系统建制执制治腐等方面持续发力，推动集中整改任务按期保质完成。坚持高标准、严要求推动长期整改任务落地，持续抓好常态化长效化巡视整改工作。

坚持系统观念一体推进"三不腐",推动构建证监会系统良好政治生态和资本市场廉洁生态。 聚焦惩治资本市场腐败问题,持续强化"不敢腐"的震慑。2022年,驻证监会纪检监察组和证监会系统单位纪委立案52件,处分50人次。持续深化证券发行审核领域腐败问题专项治理,重点打击资本市场新型腐败和隐性腐败案件,严肃查办腐败问题与金融风险交织的典型案件。会同证监会有关部门出台监管惩戒措施,重点打击向监管干部行贿以及巨额、多次行贿等行为,形成具有资本市场特色的行贿行为综合惩防机制。围绕加强公权力运行的制约和监督,不断扎牢"不能腐"的笼子,常态化开展对证券监管、审批、执法等公权力运行情况的监督检查。结合全面实行股票发行注册制下公权力下沉和廉政风险变化情况,加强对证券交易所的驻点监督,持续推动完善证券发行审核全链条监督管理的制约机制。对证券交易所上市委员、并购重组委员等关键岗位人员进行重点监督,督促廉洁履职、勤勉尽责。认真做好案件查办"后半篇文章",推动增强"不想腐"的自觉,深入开展警示教育,建立具有资本市场特色的廉政教育基地,促进廉洁文化建设走深走实。

常抓不懈落实中央八项规定精神,推动巩固全面从严治党严的氛围。 针对证监会系统违反中央八项规定精神和"四风"问题突出表现和典型案例,集中开展专项整治工作。2022年驻证监会纪检监察组和证监会系统单位纪委综合运用"四种形态",查处违反中央八项规定精神问题50人。重点盯住"一把手"违反中央八项规定精神典型问题,做到纠上治下、以点带面。研究出台"十个严禁",进一步明确公务接待、与监管对象日常交往等方面的纪律要求,坚决查处隐形变异"四风"问题。重点纠治信访等领域形式主义、官僚主义典型问题,督促理顺举报、投诉、信访三大渠道,及时有效回应群众诉求。持续加强新时代资本市场廉洁文化建设,引导行业机构形成廉洁从业风险防控常态机制。

加强全系统纪检干部队伍建设,锻造忠诚干净担当、敢于善于斗争的纪检铁军。 修订完善纪检工作制度,全面梳理证监会系统派出机构和会管单位纪检制度清单,分类制定制度范本。动态调整系统单位纪委监督重点工作清单、纪委书记重点工作清单,为上海、深圳、北京证券交易所纪委及纪委书记制定个性化工作清单。用好纪委书记培训班、纪检业务大讲堂、座谈交流会等机制,持续加强各层级纪检干部培训。深化运用以岗代训、以干代训、以案代训等工作机制,通过抽调纪委书记、纪检干部参加问题线索处置和案件查办,参与驻点监督等方式,不断提升证监会系统纪检干部履职能力和斗争本领。开发证监会系统纪检监察综合管理系统,动态监督指导执纪执法工作,以信息化保障规范化,提升专业化。加强对纪检监察干部日常监督,坚决防治"灯下黑"。

顺利完成内部巡视全覆盖,持续提升内部审计质量效果。 发挥巡视利剑作用,深入推进政治监督具体化、精准化、常态化,统筹常规巡视、专项巡视、"回头看"等方式组织开展第七轮巡视,完成党的十九大后证监会党委巡视全覆盖。围绕加强"关键少数"监督管理、推动重大改革落地、规范重要权力行使、严肃财经纪律等方面,完成7家单位的经济责任审计和财务专项审计,对11家单位进行审计整改"回头看"专项检查。深化"巡审结合+纪检监察"贯通联动,密切与组织人事、会计、信访等部门的全流程协作配合,深化巡视审计成果综合运用,持续提升监督合力。

强化权力监督制约,常态化开展警示教育。 紧盯重点领域关键岗位,建立健全公权力运行链条全程监控和廉政风险预防预警机制,形成部门内控、职能部门条线监督与审计纪检监督三道防线,有效加强权力监督制约。坚持关口前移,多种形式督促支部用好"第一种形态",对苗头性倾向性问题早发现、早提醒、早纠正。用好谈心谈话手段,组织开展新任职、新入职、抽借调及关键岗位干部廉政谈话,加强纪律提醒。分层分类开展警示教育,用身边事教育身边人,持续敲响廉洁警钟。

加强党的组织建设

深入学习贯彻习近平总书记关于机关基层党组织建设的重要批示精神。证监会党委第一时间召开会议，传达学习习近平总书记关于机关基层党组织建设的重要批示精神、中央和国家机关基层党组织建设质量提升推进会精神，研究贯彻落实意见。**建立"机关＋系统"党建联学共建机制。**加强党口部门协调配合，充分发挥"机关＋系统"党建合力。印发《关于机关党支部开展党建工作联学共建的通知》，推动机关24个党支部与系统34个单位基层党组织"结对子"，开展多种形式的联学共建活动40余次，有力促进机关党建与系统党建工作互动、优势互补、资源共享。

着力提升基层党组织政治功能和组织功能。一是突出统筹指导，党建举措更加精准。优化党建工作机制。研究制定2022年度党建工作要点，强化党建引领保障作用。充分发挥党建工作领导小组机制作用，推动党口部门协同履职、发挥合力。完善会党委成员联系派出机构党建工作机制，明确将民主生活会督导作为"规定动作"。集聚行业党建工作合力。深入开展调研并召开座谈会，制定印发《关于进一步加强行业协会党建　强化对行业机构政治引领的通知》，推动各协会抓好自身党建，并结合职责定位，强化对行业机构政治引领。**二是突出深度融合，推动党建引领业务发展。**抓政治意识教育，组织系统单位开展贯穿全年、全员参与的深化政治意识教育，强化对沪深证券交易所等单位重点督导，健全政治意识教育常态化长效化机制，推动政治意识教育融入日常、抓在经常。推动党建责任落实，认真抓好党委书记抓基层党建述职评议考核和系统单位党风廉政建设考核评价，强化考核结果硬约束，推动责任层层传导、层层落实。**三是突出抓实基础，不断提升基层党建质量。**重基础规范。在调研摸底基础上，印发通知对会管单位境外机构党建工作提出要求，推动党组织应建尽建、党员纳入规范管理。重能力提升。面向系统党务干部，以"网络课程＋专题讲座＋经验交流"等形式举办专题培训，开设"习近平总书记关于党的建设重要论述"等课程，为党务干部提供接地气、用得上的指导。重工作质量。坚持质量导向，严肃党内政治生活，协助证监会党委开好2022年度民主生活会，全覆盖督导系统单位落实有关要求，部署开展2022年度基层党组织组织生活会和民主评议党员工作。扎实做好党费收缴、发展党员、党内统计等日常工作。

统筹加强领导班子和干部队伍建设。一是强化选人用人正确导向。紧紧围绕资本市场改革发展，以正确用人导向引领干事创业导向。突出政治过硬、对党忠诚，坚持把政治标准放在首位，研究制定领导干部政治素质考察办法，加强政治素质专项测评。通过延伸考察、日常接触等方式，深入了解干部台上台下、人前人后、工作时间内外的真实表现。突出群众公认、实绩突出，坚持以事察人，全面了解干部的群众口碑，充分发挥考核的指挥棒作用，加强考核结果的分析、反馈和运用。突出敢于担当，善于斗争，注重选拔既勇于负责敢担当，又本领高强善斗争的干部，重点看干部在推进巡视整改、落实监管职责、全面深化改革、防范金融风险中的担当作为，在重大风险挑战、重大斗争任务中应对处置和攻坚克难情况。突出作风优良、清正廉洁，强化作风导向，在干部选任和职级晋升中，对廉政上有疑点未排除的、作风上有瑕疵的，坚决挡在门外。突出能上能下、激发动力，对不适宜担任现职的领导干部进行调整，以"下的压力"激发"干的动力"。研究制订《推进领导干部能上能下规定》的具体实施意见。**二是选优配强系统领导班子。**认真落实总书记关于加强中央和国家机关领导班子建设的重要讲话精神，加大动态调整优化力度，整体结构更加合理，更加富有活力，功能有效增强。深化综合研判，加强考核考察、民主生活会、巡视巡察、信访处理等成果运用，以事例为支撑，对班子运行精准研判、对干部表现精准画像，与班子配备有机衔接。着力配强正职，坚持更高标准，对多家单位（部门）班子正职进行调整。组织开展"如何当好一把手"学习交流活动和党委书记讲政治意识专题党课活动，向全系统刊发心得和党课汇编，帮助领导干部特别是新任"一把手"提高综合能力。加强年轻干部储备培养，着眼后继有人，统筹建立系统优秀年轻干部库，使年轻干部"蓄水池"更加充盈。完善制度体系，研究制定加强和改进干部选拔任用、新调整领导班子和新任职领导干部跟踪考察、受处理处分干部使用、系统单位干部任用事项报告等制度，不断提升选人用人工作的制度化、规范化水平，营造风清气正选人用人环境。

三是持续加强监管能力建设。 坚持"缺什么、补什么，弱什么、强什么"，着力培养复合型专门家，使干部能力素质跟上党中央要求、事业发展需要。统筹思想淬炼和政治历练。以局处级干部创新理论"读书班"和网络学校为抓手，建立分层分类理论学习机制。选派业务素质好、专业能力强的干部到纪检、党务、巡视、审计、信访等岗位锻炼，针对性补政治素质短板。统筹专业训练和实践锻炼。围绕干部培养锻炼和廉政风险防范，修订交流轮岗制度。构建起常态化交流轮岗、市场机构锻炼、东西部单位干部交流、"三委"委员岗位历练、艰苦复杂环境锤炼的干部培养机制。拓宽监管视野，选派干部到市场机构实践锻炼。提升综合素质，选派干部参加援疆援藏、乡村振兴、"西老革"挂职或交流等。

加强对班子和干部经常性监督、制度化约束。**一是严格日常管理。** 加强选人用人监督，强化系统单位选人用人"一报告两评议"，对评议结果一般的单位党委进行重点提醒，提出整改要求。首次组织开展机关部门干部选用与管理监督检查，督促推动各部门履行职责、树立导向，改进干部选用工作。发挥个人事项报告、巡视审计等监督作用，认真做好重点查核和认定处理，查核不一致率进一步下降。完善领导干部亲属经商办企业常态化管理。跟进证监会党委巡视、审计组织工作问题整改落实情况。加强日常管理监督，将严要求贯彻到兼职、与监管对象交往、投资行为等管理中。加强考勤管理，严肃劳务报酬纪律要求。加强学历学位类教育培训管理，把好人选推荐关。**二是推进建制执制。** 以系统思维健全制度，坚持问题导向，补短板、强弱项，牵头研究制定或修订出台干部选任、干部监督、基层党建等制度和机制，初步建立起覆盖关键少数和特定群体、覆盖权力部门和重点单位、覆盖薄弱环节和关键领域的管人管事管权的全方位全链条干部管理制度体系。以监督检查提工作质效，组织力量通过"线上＋线下"相结合方式，对近年证监会出台的干部监督制度执行情况进行督查。梳理并向全系统通报检查情况，特别是发现的典型共性问题，印发《关于进一步深化对"一把手"和领导班子监督的通知》等，对工作要求再强调再明确。

资本市场改革发展情况

多层次股权市场

交易所债券市场

期货与衍生品市场

基金市场

资本市场经营机构

多层次股权市场

沪深交易所股票市场基本情况

市场规模。 截至2022年末,沪深两市上市公司4 917家(见图3-1),全年新增302家。其中,主板3 184家,创业板1 232家,科创板501家。沪深两市总市值78.80万亿元,流通市值66.34万亿元,同比分别减少13.98%和11.73%;流通市值占总市值的84.19%,同比上升2.15个百分点。沪深两市总市值占2022年国内生产总值(GDP)的65.10%(见图3-2)。

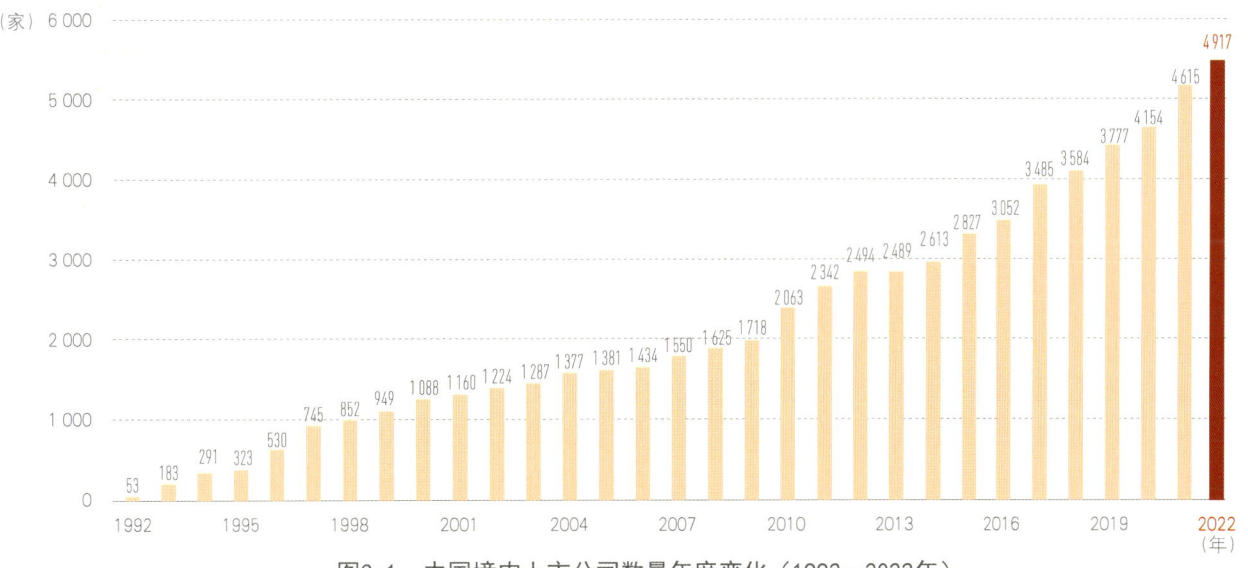

图3-1 中国境内上市公司数量年度变化(1992—2022年)

资料来源:中国证监会。

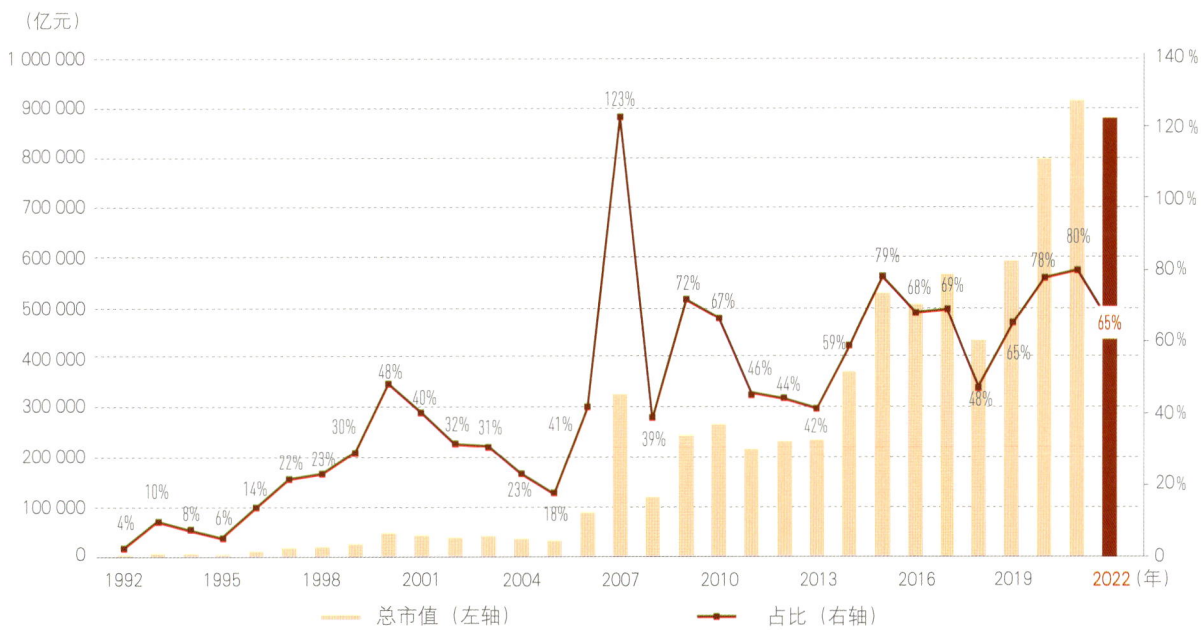

图3-2 沪深两市股票总市值与GDP比值变化(1992—2022年)

资料来源:中国证监会。

图3-3　A股市场历年融资情况

资料来源：中国证监会。

注：此处A股融资额指通过IPO、增发（公开增发、定向增发现金及资产认购）、配股、权证行权、优先股等方式筹集的资金，按股份上市日统计。

发行情况。 2022年，沪深股票市场合计融资14 175亿元（见图3-3），同比下降7.96%。其中，发行A股[①]股票341只，首发融资5 704亿元，同比上升6.60%，连续两年创出历史新高，沪深两市IPO融资额名列全球前两位；科创板和创业板成为首发融资市场的主力，IPO合计融资4 317亿元，占沪深两市的75.68%，资本市场支持创新创业作用凸显。定向增发（现金认购）融资6 166亿元，定向增发（资产认购）融资1 689亿元，配股融资615亿元。再融资金额同比下降15.70%。

交易情况。 2022年，上证综指下跌15.13%（见图3-4），深证综指下跌21.92%（见图3-5）。全年上证综指振幅21.66%。沪深两市日均成交金额为9 277.25亿元，较上年减少1 338.94亿元，降幅为12.61%；沪市股票日均换手率较上年减少0.21个百分点，深市股票日均换手率较上年减少0.26个百分点。2022年世界主要证券交易所股票交易额情况如图3-6所示。

[①] A股又称人民币普通股票，由中国境内公司发行，供境内机构、组织和个人（从2013年4月1日起，境内港、澳、台居民可开立A股账户）以人民币认购和交易的普通股股票。

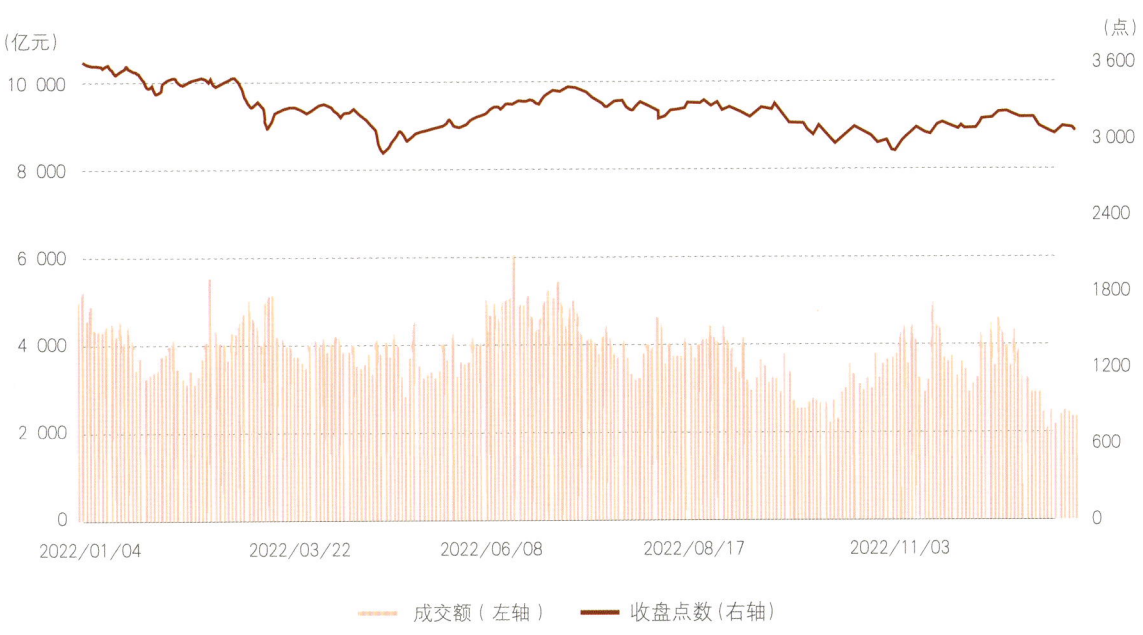

图3-4　2022年上证综指走势

资料来源：中国证监会中央监管信息平台。

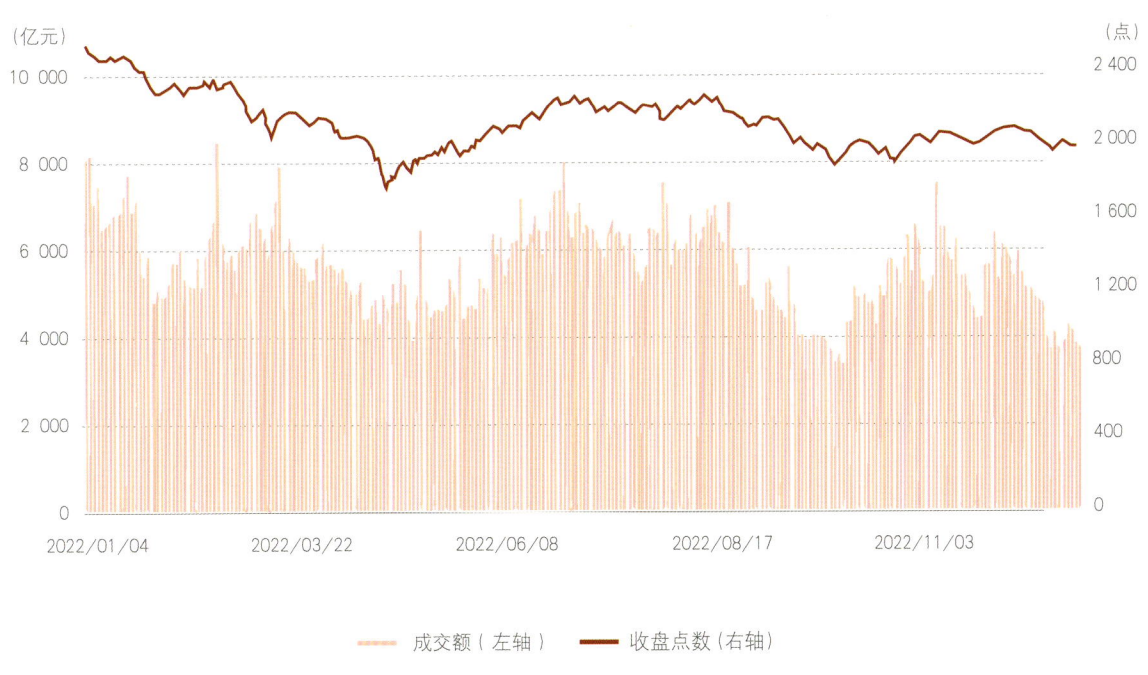

图3-5　2022年深证综指走势

资料来源：中国证监会中央监管信息平台。

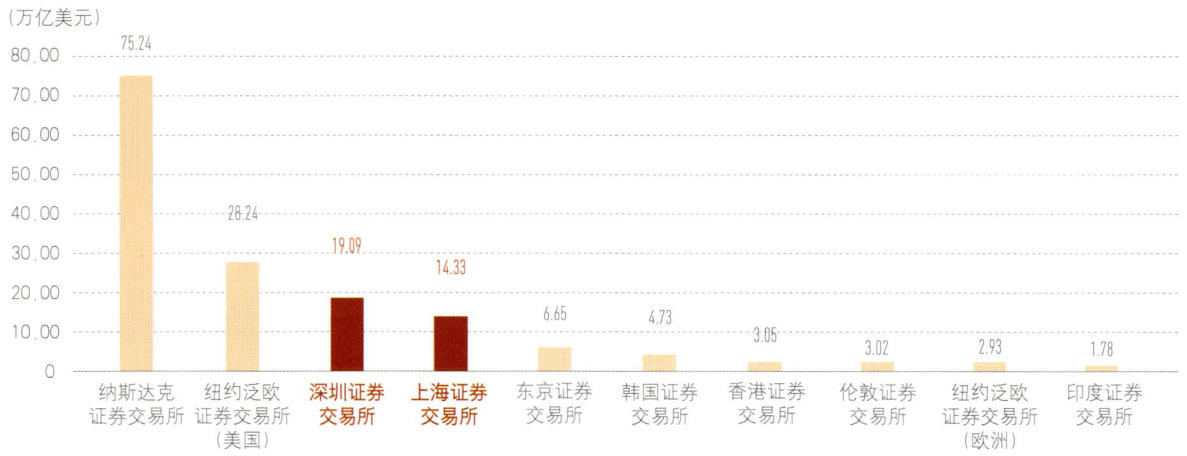

图3-6 2022年世界主要证券交易所股票交易额

资料来源：世界交易所联合会。

全力以赴做好全面实行注册制的制度起草和过渡衔接工作。一是完成统一的首发、再融资注册管理办法等57件规则起草和修订工作，制定全市场统一的审核标准，指导交易所完成全套规则起草。二是完善板块定位相关制度规则，修订科创属性评价指引，指导上交所修订科技咨询委规则，指导深交所制定修订"三创四新"标准等相关规则。根据主板定位拟定发行上市条件。三是为各板块 IPO、再融资企业制订过渡方案，以"绣花功夫"做好工作细节安排。推进发行监管转型。充分调动全系统力量，打造全链条协同机制，实现环环相扣、有机联动。进一步确立交易所审核和证监会注册各有侧重、同步并行、问题前置、高效衔接的基本架构，压实交易所发行上市审核主体责任。

加速推进形成常态化退市机制。2022年是退市新规落地见效的关键之年。全年共有51家公司退市，其中强制退市42家，主动退市1家，重组退市8家，退市公司数量创历史新高，实现了对资本市场多年积累的"空壳僵尸""害群之马"的集中清理，强化了优胜劣汰导向，带动市场生态、投资理念、中介履职以及监管文化发生积极变化。困扰资本市场30年的难事、大事得到突破，常态化退市机制基本形成。

深化并购重组市场化改革。按照全面实行股票发行注册制统一部署，集中修订《上市公司重大资产重组管理办法》及配套规范性文件，指导沪深交易所修订重大资产重组配套规则，完善并购重组制度规范。指导沪深交易所实施重组委改革，完善重组委"选用管"机制。首单创业板重组上市项目正式落地，首单分拆借壳项目获得核准，并购重组市场改革迈出新步伐。2022年，沪深上市公司共披露并购重组交易2 972单，交易金额17 437.13亿元，其中经证监会核准或注册45单，交易金额4 070.49亿元。

上线科创板做市商机制。2022年10月31日，科创板做市商机制正式上线运行。从运行情况看，做市商机制在增加市场订单深度、减少买卖价差等方面发挥了积极作用，各项制度安排运行平稳。这是 A 股市场首次引入做市商机制。

实施货银对付（DVP）改革。经国务院同意，2022年1月14日，证监会正式启动货银对付改革。5月20日，证监会发布修订后的《证券登记结算管理办法》。9月9日，证监会发布修订后的《关于合格境外机构投资者和人民币合格境外机构投资者境内证券交易登记结算业务的规定》，夯实了 DVP 改革法律制度基础。12月26日，DVP 改革正式在全市场实施，境内市场实现了"T+1"DVP 的结算制度，在全球处于领先地位。

专栏　扎实做好全面实行股票发行注册制各项准备

党的十九届五中全会提出，全面实行股票发行注册制。2021年中央经济工作会议和2022年《政府工作报告》作出明确部署。证监会坚决贯彻党中央、国务院决策部署，把基础工作做扎实，把制度搞严密，为全面实行注册制奠定坚实基础。一是全力以赴做好全面实行注册制的制度规则准备和技术系统准备。组织系统单位和部门完成160多件拟制定修订制度规则的起草和报批，完成统一的首发、再融资注册管理办法的规则起草和修订，制定全市场统一的审核标准。根据主板定位拟定发行上市条件，制定主板在审企业衔接过渡方案。组织交易所、登记结算公司等系统单位完成技术系统开发、改造、内部测试等准备，组织证券公司、基金公司、主要技术开发商完成柜台系统前期开发。二是切实回应市场关切，及时优化完善注册制相关制度安排。比如，修订科创属性评价指引，指导上交所修订科技咨询委规则、完善科创板第五套上市标准适用情形，指导深交所出台创业板成长型创新创业企业评价标准，出台证券公司投行业务质量评价办法，出台行政罚没款优先用于投资者赔偿、虚假陈述民事赔偿司法解释等投资者保护制度。三是切实加强监管系统自身建设和行业廉洁从业监管。深入开展"政商'旋转门'""逃逸式辞职"专项整治，抓住削减离职人员身份价值这个关键，对IPO在审企业涉及离职人员入股、保荐承销的，新设把关环节从严复核。紧盯关键群体，改革完善上市委、并购重组委委员选用管机制，强化对委员的政治把关和日常监督。推进发行监管转型，完善发行审核的全链条制衡机制，进一步压实交易所党委主体责任。与司法部、财政部联合发布《关于加强注册制下中介机构廉洁从业监管的意见》，驻证监会纪检监察组牵头制定7条禁止性规定，体现"一处行贿、处处受限"。

全国股转系统（北京证券交易所）发展情况

市场规模。 全国股转系统共有挂牌公司6 580家，其中创新层1 658家，基础层4 922家，挂牌公司总市值2.12万亿元，市盈率平均为17.20倍（规模见表3-1，行业分布见表3-2和表3-3）。截至2022年末，北交所共有上市公司162家，总市值2 110.29亿元，市盈率平均为18.87倍。

发行情况。 2022年，668家全国股转系统挂牌公司完成股票定向发行697次，募集资金合计232.28亿元，发行次数、金额分别同比上升24.69%、12.76%。153家挂牌公司共披露并购重组155单，交易金额合计71.35亿元，同比下降41.14%。其中，135家挂牌公司披露收购报告书，交易金额合计49.47亿元，19家披露重大资产重组报告书，交易金额合计21.88亿元。北交所上市公司累计发行普通股86次，融资金额合计166.99亿元，发行次数、金额分别同比上升109.76%、122.02%。其中，83家公司公开发行股票并上市，募集资金合计163.84亿元；3家上市公司完成再融资，募集资金3.15亿元。1家北交所上市公司披露重大资产重组报告书，交易金额4.68亿元。

表3-1　　　　　　　　　　　全国股转系统（北交所）规模变化[①]

项目	全国股转系统市场规模变化情况			北交所
	2022年	2021年	同比变化	2022年
挂牌规模				
挂牌（上市）公司数量	6 580	6 932	−5.08%	162
总股本（亿股）	4 508.63	4 596.6	−1.91%	213.54
总市值[②]（亿元）	21 181.44	22 845.4	−7.28%	2 110.29
股票发行				
发行次数	697	587	18.74%	86
发行股数（亿股）	67.69	52.69	28.47%	18.01
融资金额（亿元）	232.28	259.67	−10.55%	166.99
优先股发行				
发行次数	3	9	−66.67%	
融资金额（亿元）	0.60	2.08	−71.15%	
股票交易				
成交金额（亿元）	798.58	2 148.16	−62.82%	1 980.13
成交数量（亿股）	188.87	309.08	−38.89%	158.53
换手率（%）	7.41	17.66	−58.04%	172.95
市盈率（倍）	17.20	20.48	−16.02%	18.87

资料来源：全国中小企业股份转让系统。

表3-2　　　　　　　　　　　全国股转系统挂牌公司行业分布

管理型门类行业	2022年末		2021年末	
	公司数（家）	占比（%）	公司数（家）	占比（%）
制造业	3 268	49.67	3 410	49.19
信息传输、软件和信息技术服务业	1 275	19.38	1 351	19.49
租赁和商务服务业	341	5.18	364	5.25
科学研究和技术服务业	323	4.91	336	4.85
批发和零售业	267	4.06	293	4.23

[①] 2021年发行、交易数据包含1月1日至11月12日精选层公司数据，因此同比数据仅供参考。
[②] 2020年（含）起，总市值统计口径参照《证券期货业统计指标标准指引（2019年修订）》。

续表

管理型门类行业	2022 年末		2021 年末	
	公司数（家）	占比（%）	公司数（家）	占比（%）
建筑业	221	3.36	238	3.43
水利、环境和公共设施管理业	142	2.16	138	1.99
文化、体育和娱乐业	133	2.02	145	2.09
农、林、牧、渔业	129	1.96	159	2.29
交通运输、仓储和邮政业	128	1.95	130	1.88
金融业	81	1.23	84	1.21
电力、热力、燃气及水生产和供应业	80	1.22	85	1.23
教育	57	0.87	57	0.82
房地产业	45	0.68	51	0.74
卫生和社会工作	31	0.47	28	0.40
采矿业	24	0.36	23	0.33
住宿和餐饮业	22	0.33	24	0.35
居民服务、修理和其他服务业	13	0.20	16	0.23
合计	6580	100	6932	100

资料来源：全国中小企业股份转让系统。

表3-3　　　　　　　　　北交所上市公司行业分布

管理型行业大类	公司数（家）	占比（%）
制造业	130	80.25
信息传输、软件和信息技术服务业	17	10.49
科学研究和技术服务业	6	3.70
水利、环境和公共设施管理业	3	1.85
交通运输、仓储和邮政业	2	1.23
电力、热力、燃气及水生产和供应业	1	0.62
批发和零售业	1	0.62
租赁和商务服务业	1	0.62
农、林、牧、渔业	1	0.62
合计	162	100

资料来源：全国中小企业股份转让系统。

推动全面实行注册制稳步落地。在充分总结前期试点注册制经验基础上，修订北京证券交易所和非上市公众公司注册制改革有关部门规章4件、规范性文件19件。全国股转公司（北交所）制定、修订自律规则40余件。妥善做好核准制与注册制过渡安排，确保"无缝衔接"。修订北交所上市委和并购重组委相关规则，调整优化运行管理监督机制。

促进北交所高质量发展。聚焦北交所定位，遵循市场发展规律，在保障上市公司整体质量的基础上，推动北交所高质量扩容，2022年底相比开市，基本实现上市公司数量"翻番"。通过深化改革、主动创新，积极"扩品种""拓功能"。2022年内，可转债、国债、地方政府债券等品种陆续推出，逐步实现由单一股票市场转向股债双轮驱动。北证50指数正式上线运行，北交所股票纳入中证、国证跨市场指数体系取得实质性进展。首批8只北证50成分指数基金已全部完成募资，合计29.42亿元。以投资者需求为导向丰富交易制度工具，发布实施融资融券规则，就混合交易规则公开征求意见。

持续深化创新层、基础层改革。修订新三板分层管理办法，将每年1次定期分层调增为6次，促进优质中小企业聚集，便利企业提前做好上市规划。2022年共完成4次调层，调层后创新层公司数量首次超过1 700家，其中1 033家符合北交所上市财务条件。制定《全国中小企业股份转让系统股票挂牌规则》，优化挂牌准入安排，支持"更早、更小、更新"的初创型科技创新企业利用新三板成长壮大。开展创新层公司"强基行动"，加大对优质公司的服务力度，从源头上提升北交所上市公司质量。

完善退市公司监管安排。发布《关于完善上市公司退市后监管工作的指导意见》，明确退市公司监管的基本原则和主要安排。上交所、深交所、北交所、中国结算和全国股转公司联合发布《关于退市公司进入退市板块挂牌转让的实施办法》，进一步顺畅退市衔接工作。全国股转公司修订并发布《两网公司及退市公司股票转让办法》和《两网公司及退市公司信息披露办法》，为加强监管和服务提供制度保障。

区域性股权市场规范发展

截至2022年末，区域性股权市场共有挂牌公司4.23万家，展示企业13.81万家，纯托管公司1.14万家，共服务企业19.19万家。服务企业中累计转沪深北交易所上市93家，转新三板挂牌842家，被上市公司和新三板挂牌公司收购70家，改制为股份公司5 827家。累计实现各类融资1.88万亿元，其中股权融资4 458亿元，债券融资4 639亿元，股权质押融资6 865亿元。

2022年，区域性股权市场立足场外市场实际和中小微企业实际需求，初步建立了孵化、培育、规范企业的分层体系，完善市场基础设施建设。持续深化区域性股权市场制度和业务创新试点、份额转让试点、区块链建设试点，启动认股权综合服务试点，不断优化区域性股权市场生态体系。证监会会同工业和信息化部印发《关于高质量建设区域性股权市场"专精特新"专板的指导意见》，进一步提升多层次资本市场服务"专精特新"中小企业的能力。

交易所债券市场

市场概况

市场规模。截至2022年末,交易所债券市场托管面值20.33万亿元(含北交所托管在中央结算的政府债券)(见图3-7)。其中,交易所市场非金融公司债(包含公司债、可转债、可交换债,资产证券化产品)托管面值11.87万亿元、市场占比43.08%。

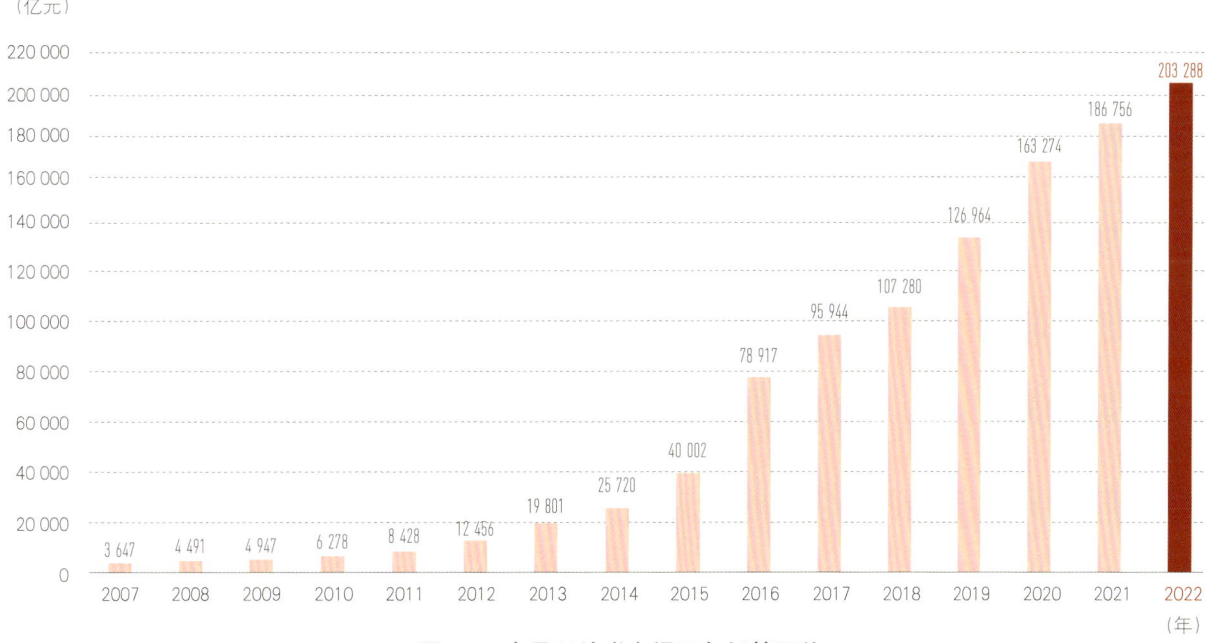

图3-7 交易所债券市场历年托管面值

资料来源:中证数据有限责任公司,北京证券交易所。

融资情况。2022年,交易所债券市场发行各类债券(含公司债、国债、资产支持证券、地方政府债、政策性金融债券)5 469只,发行金额64 494亿元(见图3-8),占全国债券市场融资额的10.35%。其中,非金融企业通过交易所债券市场发行3.16万亿元,占非金融企业债券融资的48.99%。此外,稳妥推进北交所政府债券市场建设,顺利启动地方债和国债发行,实现良好开局,全年累计发行国债19只、地方政府债35只,合计发行金额超9 500亿元。

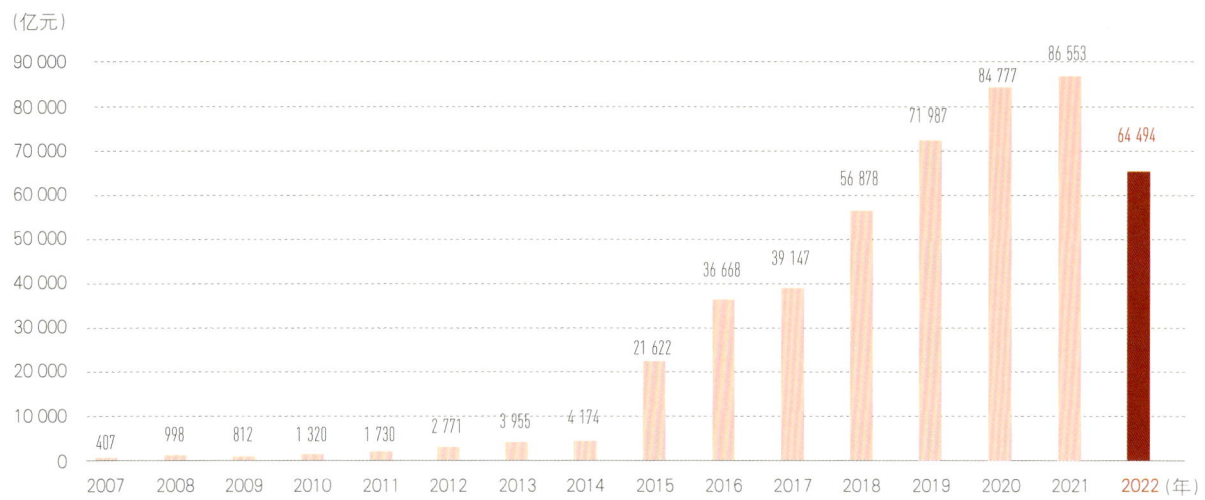

图3-8 交易所债券市场历年融资金额

资料来源：中证数据有限责任公司，北京证券交易所。

积极探索债券品种创新

交易所债券市场稳步推进债券品种创新（见表3-4），持续深化落实国家战略，服务实体经济。继续大力支持绿色金融发展，2022年交易所市场累计发行绿色债券（含ABS）142单，发行规模1 481.86亿元。进一步拓宽科技创新公司债券融资渠道，2022年科技创新公司债券累计发行111单，发行规模1 202.10亿元。持续以市场化方式支持民营企业债券融资，引导市场增强对民企债券的投资信心，发行信用保护合约及凭证123单，发行债券金额1 636.43亿元。持续助力实体经济融资，推进可续期公司债券试点，发行可续期公司债券286单，金额3 775.61亿元。推进住房租赁资产证券化，助力盘活住房租赁存量资产，提高资金使用效率，发行住房租赁ABS共5单，金额69.27亿元。

表3-4　　2022年交易所债券市场创新品种情况

创新品种	2022年发行数量（只）	2022年发行金额（亿元）
绿色债券（含ABS）	142	1 481.86
科技创新公司债券	111	1 202.10
信用保护合约及凭证	123	1 636.43
可续期公司债券	286	3 775.61
住房租赁资产证券化	5	69.27

资料来源：中证数据有限责任公司、上海证券交易所、深圳证券交易所。

稳妥发展资产证券化

坚决贯彻落实党中央、国务院关于支持实体经济发展的决策部署，积极支持符合条件的各类基础资产通过交易所市场发行资产支持证券。2022年，企业资产支持证券发行1.2万亿元，约占全市场各类资产证券化的58%。其中，继续依托企业资产证券化探索知识产权证券化可行模式，2022年交易所债券市场共发行32只知识产权支持证券，发行规模约为61亿元。

2022年，REITs市场进入常态化发行新阶段，初步形成规模效应、示范效应。2022年内共批准14只REITs产品，募集资金437亿元，同比增长20.02%，试点范围拓展到清洁能源、保障性租赁住房和新能源等领域。截至2022年末，共上市24只REITs产品，募集资金规模784亿元，总市值超过850亿元，回收资金带动新项目投资4 423亿元，有效促进盘活存量和投融资良性循环。指导证券交易所发布扩募规则。推动财政部、税务总局出台《关于基础设施领域不动产投资信托基金（REITs）试点税收政策的公告》（财政部 税务总局公告2022年第3号）；推动国务院国资委出台《关于企业国有资产交易流转有关事项的通知》。

持续完善交易所债券市场制度

研究制定《关于深化公司债券注册制改革的指导意见》和《关于注册制下提高中介机构债券执业质量的指导意见》，并于2022年11月18日公开征求意见。指导沪深交易所分别制定上市审核规则，完成"审核重点关注事项""申请文件及其编制要求""知名成熟发行人优化审核""优化审核安排""审核程序"等指引制定或修订。组织沪深交易所实施《债券交易规则》，上线新债券交易系统，同步实现业务规则与交易系统层面的"股债分离"。推出交易所市场债券做市机制。加强债券交易监测和风险防控，制定印发债券交易监控工作指引，组织沪深交易所发布协议回购风控指引。

期货与衍生品市场

市场发展情况。 截至2022年末，期货与衍生品市场品种（见表3-5）总数达到110个，包括65个商品期货、28个商品期权、7个金融期货和10个金融期权（包含上交所、深交所7个ETF期权产品）。

表3-5　　各交易所交易品种

交易所	交易品种
上海期货交易所	铜、铝、锌、铅、锡、镍、黄金、白银、螺纹钢、线材、热轧卷板、燃料油、石油沥青、天然橡胶、原油、纸浆、不锈钢、20号胶、低硫燃料油、国际铜、铜期权、黄金期权、橡胶期权、锌期权、铝期权、原油期权、白银期权、螺纹钢期权
郑州商品交易所	强麦、普麦、棉花、白糖、早籼稻、粳稻、晚籼稻、菜籽油、油菜籽、菜籽粕、鲜苹果、精对苯二甲酸（PTA）、甲醇、玻璃、动力煤、硅铁、锰硅、棉纱、尿素、纯碱、红枣、短纤、花生、白糖期权、棉花期权、甲醇期权、PTA期权、菜籽粕期权、动力煤期权、菜籽油期权、花生期权
大连商品交易所	玉米、玉米淀粉、黄大豆1号、黄大豆2号、豆粕、豆油、棕榈油、鸡蛋、胶合板、纤维板、线性低密度聚乙烯（LLDPE）、聚氯乙烯（PVC）、聚丙烯（PP）、焦炭、焦煤、铁矿石、乙二醇、苯乙烯、粳米、液化石油气、生猪、豆粕期权、玉米期权、铁矿石期权、液化石油气期权、聚丙烯期权、线型低密度聚乙烯期权、聚氯乙烯期权、棕榈油期权、豆一期权、豆二期权、豆油期权
中国金融期货交易所	沪深300股指期货、上证50股指期货、中证500股指期货、中证1000股指期货、5年期国债期货、10年期国债期货、2年期国债期货、沪深300股指期权、上证50股指期权、中证1000股指期权
广州期货交易所	工业硅期货、工业硅期权
上海证券交易所	上证50ETF期权、沪深300ETF期权、中证500ETF期权
深圳证券交易所	沪深300ETF期权、中证500ETF期权、创业板ETF期权、深证100ETF期权

资料来源：中国期货市场监控中心、上海证券交易所、深圳证券交易所。

交易情况。 截至2022年末，期货市场总资金15 617.31亿元，同比增长23.88%。有效客户数204.89万个，同比减少0.18%，日均交易客户数达到66.74万个。2022年，以单边计，期货市场合计成交63.42亿手，同比减少12.75%，成交金额534.30万亿元，同比减少7.99%（见图3-9）。其中，商品期货成交62.29亿手，同比减少13.21%，成交金额401.53万亿元，同比减少13.24%；金融期货成交1.13亿手，同比增加23.44%，成交金额132.77万亿元，同比增加12.60%。金融期货成交量和成交额分别占全市场的1.79%和24.85%。

2022年，以单边计，期权市场合计成交4.26亿手（张），同比增加73.68%，成交金额6 372.21亿元，同比增加24.60%。其中，商品期权市场成交3.87亿手（张），同比增加80.17%，成交金额3 728.90亿元，同比增加41.90%；金融期权市场成交3 855.16万手（张），同比增加27.48%，成交金额2 643.31亿元，同比增加6.32%（见表3-6）。

投资者情况。 期货市场方面，2022年，以双边计，法人客户与个人客户成交量分别为54.85亿手和72.01亿手，同比分别减少5.09%与17.80%。法

图3-9 期货市场成交量及成交金额走势（2012—2022年）

资料来源：中国期货市场监控中心。

表3-6　　　　　　　　　期货和期权的成交量、成交额及其同比变化

类型	期货				期权			
	成交量（亿手）	成交量同比增减	成交额（万亿元）	成交量同比增减	成交量[亿手（张）]	成交量同比增减	成交额（亿元）	成交额同比增减
商品类	62.29	−13.21%	401.53	−13.24%	3.87	80.17%	3 728.90	41.90%
金融类	1.13	23.44%	132.77	12.60%	0.39	27.48%	2 643.31	6.32%
合计	63.42	−12.75%	534.30	−7.99%	4.26	73.68%	6 372.21	24.60%

资料来源：中国期货市场监控中心、上海证券交易所、深圳证券交易所。

人客户和个人客户成交金额分别为524.29万亿元和544.46万亿元，同比分别增加4.12%和减少17.25%。法人客户成交金额占比49.06%，较2021年增加5.7个百分点。期权市场方面，2022年，以双边计，法人客户与个人客户成交量分别为6.22亿手和2.30亿手，同比分别增加82.20%和54.15%。法人客户和个人客户成交金额分别为9 597.93亿元和3 146.49亿元，同比分别增加29.17%和12.47%。法人客户成交金额占比75.31%，较2021年增加2.66个百分点。

期货市场品种供给持续增加。全年共上市中证1000股指期货及期权、黄大豆1号期权、黄大豆2号期权、豆油期权、菜籽油期权、花生期权、上证50股指期权、工业硅期货及期权、白银期权、螺纹钢期权等16个新品种。平稳推出4只ETF期权品种。2022年9月至12月，证监会分2批组织上交所中证500 ETF期权、深交所中证500ETF期权、创业板ETF期权、深证100ETF期权成功上市，ETF期权品种数量从3只增加至7只，ETF期权对沪深A股市值的覆盖度超过6成，进一步丰富了多层次资本市场产品体系，有利于满足投资者的风险管理需求，ETF期权引入增量资金、稳定标的现货市场的作用逐步发挥。2022年，沪深交易所ETF期权成交12.06亿手（张），权利金成交金额7 276.24亿元（以单边计）；沪深交易所法人客户和个人客户成交量分别为15.44亿张和8.67亿张，权利金成交额分别为4 901.72亿元和9 650.75亿元（以双边计）。

市场规则体系不断完善。积极配合做好期货法立法工作。2022年4月，全国人大常委会审议通过《中华人民共和国期货和衍生品法》（以下简称《期货和衍生品法》），于2022年8月1日实施。对照《期货和衍生品法》有关规定，修订《期货公司董事、监事和高级管理人员任职管理办法》《期货公司风险监管指标管理办法》《期货投资者保障基金管理办法》《期货公司期货投资咨询业务试行办法》等4部规章和9部规范性文件。废止规范性文件《关于建立金融期货投资者适当性制度的规定》。积极修订《期货交易所管理办法》《期货公司监督管理办法》。研究起草《期货市场持仓管理暂行规定》，增强持仓管理的系统性和针对性，提升期货市场监管效能。期货交易所修改业务细则142个。为深入贯彻落实《期货和衍生品法》要求，完善股票期权市场的法治体系，规范股票期权交易，证监会修订形成《股票期权交易管理办法（征求意见稿）》，并于2022年12月30日向社会公开征求意见。

从全球范围看，根据美国期货业协会（FIA）对全球期货交易的统计，2022年我国期货市场成交量排名全球第4位，持仓量排名全球第5位。其中，商品期货市场成交量排名全球第1位，持仓量排名全球第2位（见表3–7）。

表3–7   2022年全球场内衍生品、商品衍生品成交量及持仓量排名

排名	全部衍生品（包括商品和金融类）				其中：商品衍生品			
	国家或地区	成交量（亿手）	国家或地区	持仓量（亿手）	国家或地区	成交量（亿手）	国家或地区	持仓量（万手）
1	印度	399.68	美国	5.81	中国	41.24	美国	5 693
2	美国	166.57	巴西	1.63	美国	12.92	中国	3 440
3	巴西	83.14	德国	1.50	英国	6.41	英国	1 320
4	中国	67.68	英国	0.41	印度	2.25	德国	534
5	韩国	20.58	中国	0.40	俄罗斯	1.61	新加坡	167
6	德国	19.68	印度	0.31	新加坡	0.34	俄罗斯	89
7	俄罗斯	13.22	法国	0.18	法国	0.20	法国	83
8	英国	12.59	俄罗斯	0.17	日本	0.17	印度	47
9	日本	4.98	中国香港	0.14	马来西亚	0.16	巴西	26
10	中国台湾	3.84	加拿大	0.13	泰国	0.12	日本	25

资料来源：美国期货业协会对全球29个国家或地区交易所的成交量和持仓量统计，中国未包含沪深交易所衍生品数据。

基金市场

公募基金

截至2022年末,全国基金管理人管理公募基金规模26.03万亿元(未经审计,下同)、存续产品10 576只(见表3-8);受托管理社保基金规模1.34万亿元;受托管理基本养老金规模7 535.21亿元;受托管理年金基金(含企业年金、职业年金)规模2.13万亿元。

表3-8　　　　　　　　　　2022年底证券投资基金数　　　　　　　　　　　　　(单位:只)

封闭式	开放式					合计
	股票型基金	混合型基金	货币市场基金	债券型基金	QDII	
1 300	1 992	4 595	372	2 095	222	10 576

资料来源:中国证监会。

私募基金

截至2022年末,基金业协会已登记私募基金管理人2.37万家,已备案私募基金数量14.5万只,管理规模20.28万亿元,同比分别增长16.86%和0.06%。其中,私募证券投资基金管理人9 023家,基金数量9.24万只,管理规模5.67万亿元;私募股权、创业投资基金管理人1.43万家,基金数量5.10万只,管理规模14.00万亿元;其他基金管理人332家,基金数量1 620只,管理规模0.60万亿元。

证券期货经营机构私募资管计划

截至2022年末,证券期货基金经营机构管理的私募资管计划14.30万亿元,其中证券公司私募资管计划规模6.87万亿元,基金公司及其子公司私募资管计划规模7.12万亿元,期货公司私募资管计划规模0.31万亿元。

资本市场经营机构

证券经营机构

截至2022年末，共有140家证券公司，总资产11.06万亿元，净资产2.79万亿元，净利润合计1 423亿元。

期货经营机构

截至2022年末，全国共有150家期货公司，总资产（含客户权益，下同）合计16 996.76亿元、净资产合计1 841.65亿元、净资本合计1 167.43亿元，客户权益合计14 306.30亿元，净利润110.04亿元。

基金经营机构

公募基金。 截至2022年末，共有142家基金管理公司，基金管理公司总资产3 490.86亿元，净资产2 484.35亿元，营业收入1 656.63亿元，净利润453.76亿元。另外，取得公募资格的资产管理机构14家。

私募基金。 截至2022年末，私募基金管理人在从业人员管理平台完成注册的全职员工18.30万人，其中取得基金从业资格的员工15.69万人。私募基金管理人平均管理规模8.57亿元。截至2022年末，基金业协会已登记私募基金份额登记业务服务机构45家，估值核算业务服务机构45家，信息技术系统服务机构4家。

证券投资咨询和顾问机构

截至2022年末，全国共有80家证券投资咨询机构，总资产168.14亿元，营业收入135.53亿元，净利润8.11亿元。

截至2022年末，已备案60家基金投资顾问试点机构，服务客户510万户，服务客户资产规模1 451亿元，促进投资者科学增加权益类基金配置比重、提高基金投资者收益水平、培育买方中介力量等试点效果初步体现。

中介服务机构

有序开展律师事务所从事证券法律业务备案工作。截至2022年末，共有796家律师事务所完成首次备案。

截至2022年末，已完成证券服务业务备案的会计师事务所103家，分布在北京、上海等18个省（直辖市、自治区）；分所1 080家，分布在全国各省（直辖市、自治区）；注册会计师人数3.39万人，占全国注册会计师人数的31.74%。

截至2022年末，已完成证券服务业务备案的资产评估机构273家，分布在北京、上海等25个省（直辖市、自治区）；分支机构558家，分布在除青海外的全国各省（直辖市、自治区）；资产评估师8 774人，占全国资产评估师人数的20.11%。

截至2022年末，通过从事证券服务业务首次备案的共13家评级机构中，完成重大事项备案的共280家次，完成2021年度备案的共13家评级机构。

服务实体经济

支持科技自立自强

服务中小微企业

助力绿色低碳转型

服务乡村振兴

支持疫情后经济复苏

支持科技自立自强

支持符合条件的科技创新企业上市融资。 坚守科创板、创业板板块定位，完善相关指标体系，对信息披露质量等进行严格把关，压实中介机构责任，构建市场化发行定价承销机制，保持投融资动态平衡。加强与相关领域主管部门的联络，精准掌握产业政策并整理为落实标准，积极引导资源向科技创新领域聚集。面对新冠疫情、地缘冲突等因素的影响，2022年A股IPO家数和融资额均居全球首位。A股市场上高科技行业市值占比由2017年初的20%左右提升到2023年初的37%左右，上市公司研发投入占全国企业研发支出的一半以上。科创板服务"硬科技"的定位得到彰显，在"卡脖子"技术攻关领域形成企业矩阵，一些公司在技术研发上取得关键突破。创业板服务创新的力度不断增强，高新技术企业占比近九成，战略性新兴产业企业占比近六成，涌现出一批创新"领跑者"和产业"排头兵"，先进制造、数字经济、绿色低碳等重点领域企业集群化发展趋势明显。2022年累计发行科创债111只，合计融资1 202亿元，有力引导各类金融资源加快向科技创新领域聚集。

完善资本市场服务科技创新企业的覆盖面。 截至2022年末，北交所共有科技类企业[①]132家，总市值1 762.14亿元。2022年，68家北交所科技类上市公司公开发行，融资金额131.47亿元，1家公司完成再融资，融资金额1.59亿元。北交所上市公司创新属性突出，研发强度平均4.62%，远高于社会平均水平，战略新兴产业、先进制造业公司占近八成，67家为国家级"专精特新"小巨人企业，1家获得国家科技进步奖。截至2022年末，全国股转系统共有挂牌科技类企业4 076家，总市值11 762.60亿元。2022年，累计444家科技类挂牌公司定向发行普通股469次，募集资金134.72亿元；76家公司披露收购报告书76次，涉及交易金额25.45亿元；10家公司披露重大资产重组报告书10次，涉及交易金额10.43亿元。

---

① 科技类企业：先进制造业，或门类行业为信息传输、软件和信息技术服务业、科学研究和技术服务业。

服务中小微企业

服务中小微企业通过股权市场融资。 截至2022年末，北交所上市公司中，中小企业共132家，占比81.48%，累计公开发行融资267.75亿元。截至2022年末，新三板累计服务1.27万家中小企业，有效拓宽了资本市场服务实体经济的覆盖面；挂牌公司中的中小企业累计融资1.14万次，筹资金额约3 969.83亿元，1 568家公司在亏损阶段获得融资，缓解了中小企业融资难问题；披露并购重组报告书1 814次，涉及交易金额1 685.01亿元，有效促进了企业资源整合和转型升级。

> **专栏：吉林碳谷碳纤维股份有限公司**
>
> 吉林碳谷碳纤维股份有限公司（以下简称吉林碳谷）是一家集碳纤维原丝、碳丝、预氧丝及制品研发生产销售为一体的国家级高新技术企业。2016年3月吉林碳谷在新三板挂牌后，分别于当年7月和2020年7月两轮定向发行融资共计1.69亿元，为抢占创新发展先机赢得资金支持，并助力企业于2020年度扭亏为盈。2021年8月，吉林碳谷在北交所公开发行并上市（证券代码：836077.BJ）融资1.6亿元。通过在新三板、北交所市场"边规范、边融资、边发展"，吉林碳谷借力资本市场发展壮大，在破解一系列"卡脖子"技术难题的同时，也为投资者带来良好收益、获得市场广泛认可。截至2022年末，吉林碳谷股价已较发行价上涨超600%，总市值达150亿元。

鼓励证券公司积极服务中小微企业融资。 鼓励证券公司积极参与新三板市场，服务中小企业到新三板挂牌融资，支持新三板企业收购和并购重组；鼓励证券公司积极参与区域性股权交易服务体系建设，帮助小微企业对接资本，发挥资本孵化功能，落实金融服务实体经济战略。

> **专栏：北京股权交易中心启动认股权综合服务试点**
>
> 北京股权交易中心启动认股权综合服务试点。为有效提高持牌金融机构、地方金融组织、科技企业孵化器等相关方支持科创企业的积极性，解决难点、疏通堵点，中国证监会同意北京市启动认股权综合服务试点，支持北京股权交易中心做好认股权确权存证、登记托管、估值转让、行权注销等综合服务。截至2022年末，北京股权交易中心已完成9宗登记托管，其中1宗已完成转让。

积极服务民营企业债券融资。 一是实施民营企业债券融资专项支持计划和支持工具，推出央地合作创新模式，2022年已支持15家企业发行20单产品、融资201亿元。二是组织沪深交易所、中国结算减免民营企业债券交易结算费用，年均减免金额达1.6亿元。2022年，中小微企业在沪深交易所债券市场累计发行公司债券7 645.69亿元。

助力绿色低碳转型

支持符合条件的绿色低碳企业融资。 截至2022年末，沪深两所共有新能源、新能源汽车、节能环保等战略新兴行业上市公司401家，总市值5.92万亿元。2022年，上述行业上市公司披露并购重组交易金额773.09亿元，有力支持了绿色经济发展。截至2022年末，北交所共有7家上市绿色企业，总市值187.00亿元。2022年，2家绿色企业公开发行，融资金额7.10亿元；1家完成再融资，融资金额0.78亿元；1家完成重大资产重组，交易金额4.68亿元。截至2022年末，全国股转系统共有挂牌绿色企业254家，总市值708.84亿元。2022年，累计27家绿色企业定向发行普通股27次，募集资金6.05亿元；4家披露收购报告书4次，涉及交易金额1.17亿元。

鼓励证券公司参与绿色债券发行。 为增强证券公司服务实体经济能力、完善绿色投融资机制，证监会将社会责任履行情况纳入证券公司分类评价范畴，对支持绿色债发行取得良好效果的证券公司给予加分，2022年共有87家证券公司作为绿色公司债券主承销商或绿色资产证券化产品管理人，在沪深交易所市场承销绿色债券（含ABS）5 962亿元。

研究推动证券公司参与碳排放权交易。 落实党的二十大报告"积极稳妥推进碳达峰碳中和，健全碳排放权市场交易制度"要求，证监会研究推动更多符合条件的证券公司在境内合法交易场所自营参与碳排放权交易，作为控排企业的交易对手，提升市场流动性和定价合理性，为碳排放权市场制度建设贡献力量，提升金融服务实体经济的水平。

引导债券市场支持绿色低碳转型。 一是着力构建绿色金融标准。2022年4月，证监会推动《碳金融产品》标准发布并实施；2022年7月，指导绿色债券标准委员会发布《中国绿色债券原则》，促进绿色债券标准与国际接轨。2022年全年，交易所市场共发行绿色债券（含ABS）1 482亿元，同比增长20%。二是证监会指导沪深交易所推出低碳转型公司债券，支持符合条件的高耗能行业企业节能降碳转型，并下设低碳转型挂钩债券子品种，将债券条款与发行人低碳转型目标挂钩，进一步发挥金融支持绿色产业升级转型功能。

专栏：证监会核准长江电力收购三峡云川，支持绿色经济发展

2022年，证监会核准长江电力收购三峡金沙江云川水电开发有限公司（以下简称云川公司），交易金额804.84亿元，募集配套资金160.97亿元。云川公司主营的乌东德水电站和白鹤滩水电站，是实施"西电东送"的国家重大工程，统筹推进水电站后续各项工作，是实现碳达峰碳中和、促进经济社会发展全面绿色转型的重要举措。该交易有利于长江电力实现大水电资产集中管理运营，提升水资源综合利用水平，有效发挥梯级水电站在防洪、发电、航运、补水、生态等方面的社会综合效益，主动服务长江经济带建设，为国民经济运行提供清洁能源保障。

服务乡村振兴

积极支持"三农"企业利用多层次资本市场融资。 截至2022年末,沪深两个交易所共有农林牧渔类上市公司48家,总市值7 267.06亿元。2022年,上述行业上市公司共披露并购重组交易48单,交易金额合计160.34亿元。截至2022年末,北交所上市"三农"企业4家,总市值29.68亿元。2022年,2家公司公开发行,融资金额2.92亿元;1家公司完成再融资,融资金额0.77亿元。截至2022年末,全国股转系统共有挂牌"三农"企业275家,总市值932.35亿元。2022年,累计20家公司定向发行普通股21次,募集资金5.89亿元。7家披露收购报告书7次,涉及交易金额1.93亿元;1家披露重大资产重组报告书1次,涉及交易金额0.63亿元。2022年,交易所债券市场累计发行乡村振兴公司债259.59亿元。

> **专栏:深交所发布国证社会帮扶100指数,助力乡村振兴**
>
> 2022年12月9日,深交所全资子公司深圳证券信息有限公司正式发布国证社会帮扶100指数(以下简称"帮扶100"),样本股涵盖近3年参与乡村产业、消费帮扶等工作的上市公司,旨在反映积极参与社会帮扶事业、支持国家乡村振兴战略的上市公司整体市场表现。
>
> 在一系列金融帮扶政策的有力推动下,上市公司已成为社会帮扶的主力军,形成主题特色鲜明、龙头企业汇聚的"帮扶板块"。"帮扶100"是国内首只聚焦社会帮扶事业的指数,有利于发挥上市公司的示范引领效应,引导更多经营主体持续巩固脱贫攻坚成果,积极参与全面推进乡村振兴工作,促进形成资本市场助力乡村产业发展新局面。
>
> "帮扶100"在编制上采用定性与定量指标,综合考察上市公司近3年帮扶工作参与情况、帮扶投入金额,选取帮扶工作参与度高的100只A股作为样本。样本公司整体质地优良,汇聚比亚迪、宁德时代等行业龙头企业。从国证ESG评价结果来看,"帮扶100"样本公司在履责担当方面表现突出,近五成样本公司的履行社会责任指标表现位于所属国证一级行业前10%。据测算,自基日2016年12月30日至2022年11月30日,"帮扶100"累计收益率86%,年化收益率11%,反映上市公司践行社会责任、参与帮扶事业的同时也获得了市场高度认可,实现良好社会效应与自身健康发展的双赢结果。

支持定点帮扶县巩固脱贫攻坚成果和乡村振兴。 根据中央的部署,过渡期内证监会定点帮扶6个省(自治区)的9个县,分别是河南省兰考县和桐柏县、陕西省延长县、山西省隰县和汾西县、安徽省宿松县和太湖县、甘肃省武山县、新疆麦盖提县。2022年,证监会系统在9个县直接投入帮扶资金(无偿)5 870.06万元,引进帮扶资金(无偿)6 209.08万元,培训基层干部2 505名,培训乡村振兴带头人845人,培训专业技术人才3 207名,购买定点县农产品523.85万元,帮销定点县农产品1 010.23万元,支持定点县打造乡村振兴示范点7个。

稳步扩大"保险+期货"试点为农户提供保障。 2022年，上期所、郑商所、大商所3家商品期货交易所在黑龙江、陕西、云南等29个省（直辖市、自治区）开展了458个"保险+期货"项目，涉及天然橡胶、白糖、棉花、苹果、红枣、大豆、玉米、鸡蛋、豆粕、生猪、花生11个品种，预计保障现货规模约294万吨，承保土地面积约630万亩，为约58万农户提供价格和收入保障。

专栏：苹果"保险+期货"项目持续助力延长县乡村振兴

延长县位于陕西省延安市东部，2019年之前，延长县属于国家重点贫困县，经过多年的脱贫攻坚战，2018年9月在全省率先退出贫困县序列。2021年，延长县被确定为省级乡村振兴重点帮扶县。苹果产业是当地农民群众脱贫增收、致富奔小康的主导产业。但是，受自然灾害天气以及市场价格波动、市场信息闭塞等因素影响，延长苹果产业时有"丰产不丰收""同果不同价"的情况发生，严重影响了果农的收入，成为延长县巩固拓展脱贫攻坚、有效链接乡村振兴的"拦路虎"。2022年，郑商所连续第3年在延长县开展苹果"保险+期货"县域价格险项目，助力延长乡村振兴，参保的8个乡镇2 455户农户均为脱贫户。项目实现赔付近1 119万元，有效保障了果农的收益，提振了果农的种植信心，促进了延长苹果产业的健康发展。此外，项目成功引进了由中华思源工程基金会和鸥鹭学社联合开创的"定心丸乡村普惠金融"公益计划项目，创新开拓了"保险+期货+公益基金"的新模式，谱写了多方齐力创新"保险+期货"模式，促进农业高质高效，实现乡村宜居宜业、农民富裕富足的新篇章。

引导行业机构结对帮扶。 积极动员证券期货经营机构广泛参与巩固拓展脱贫攻坚成果和乡村振兴工作，全力支持脱贫地区产业发展，夯实稳定脱贫基础。证券业协会发起的"一司一县"结对帮扶倡议，已推动102家证券公司与343个脱贫县形成结对帮扶关系，其中59家证券公司帮扶79个国家乡村振兴重点帮扶县。期货业协会发起的"一司一结对"帮扶倡议，也已促成127家期货公司与519个脱贫县（乡、村）签署了1 029份结对帮扶协议，其中29家期货公司与43个重点帮扶县开展结对帮扶。

积极引导资金支持涉农企业。 支持证券基金经营机构私募资管产品、证券公司私募股权投资基金子公司投资涉农企业，助力农村地区企业发展。

支持疫情后经济复苏

正常推进受疫情影响公司发行审核或注册工作。 在符合板块定位及发行上市条件的前提下,对2022年业绩受疫情影响严重地区和行业申请首发上市的企业,在中介机构核查情况属实且不对持续盈利能力或持续经营能力构成重大不利影响的情形后,正常推进相关审核或注册工作。2022年末,对受疫情影响严重地区和行业的上市公司再融资申请实施专人对接、即报即审、审过即发。对于受疫情影响严重地区和行业,延长发行人的有关回复时限。通过视频会议及电子化手段,确保审核注册机制不断线,在疫情干扰下提供高效高质量服务。加强与其他部门的沟通协作,共同帮助企业解决疫情中的实际问题,扎实推动各项政策落地见效。

积极支持受疫情影响上市公司恢复发展。 制定处置方案,实事求是分类处理受疫情影响未能按期披露2021年年报的公司,既体现监管温度,又确保依法监管。证监会会同国资委、全国工商联印发《关于进一步支持上市公司健康发展的通知》,进一步为上市公司发展营造良好环境。发布《关于进一步发挥资本市场功能 支持受疫情影响严重地区和行业加快恢复发展的通知》,针对受疫情影响严重的地区和行业提出了23条支持措施,支持相关企业克服疫情影响。

支持困难企业通过资本市场融资发展。 针对企业面临的实际困难,全国股转公司、北交所先后出台"服务18条"和"服务24条",支持企业复苏发展。北交所、新三板支持受疫情影响地区企业直接融资超87亿元。对受疫情影响业绩下滑的企业正常开展公开发行并上市审核,支持21家相关地区企业完成公开发行并上市,实现融资38.88亿元;开通新三板挂牌和定向发行审查"绿色通道",支持69家相关地区企业申请挂牌,支持42家企业在新三板完成挂牌,其中通过挂牌并同时发行融资9 498.49万元;支持165家相关地区已挂牌公司完成定向发行,实现融资47.28亿元;支持相关地区企业完成3次重大资产重组,涉及交易金额4.09亿元。为千余家企业累计直接减免超6 606万元费用。其中,减免相关地区的北交所上市公司的上市年费共426.50万元,减免相关地区新三板挂牌企业的挂牌初费和年费共约6 179.60万元。沪深交易所对于疫情影响导致并购重组项目财务资料更新、审计或评估难以在短期完成等现实问题,允许企业适当延长并购重组财务资料有效期和重组预案披露后发布召开股东大会通知时限。2022年,因疫情申请财务资料有效期延长的并购重组项目共23家次,涉及交易金额1 404.60亿元。

大力支持行业机构稳健经营。 坚持"安全至上、稳定至上、生命至上、人民至上"的总原则,证监会指导派出机构深刻认识疫情防控、金融风险防范、保障安全稳定运营等各项工作的重要性,持续加强组织保障,精准科学防范防控,确保不出错、不添乱,维护辖区机构平稳运营。根据疫情防控形势灵活变通监管方式方法,充分体现监管弹性和温度,大力支持行业机构稳健经营,全行业经受住了多轮严重疫情冲击的考验。

市场监管与法治

强化日常监管

稽查执法和打非清整

防范化解金融风险

资本市场法治建设和提高证券违法成本

强化日常监管

深化行政审批制度改革

简化证明事项和申请材料。 2022年1月，按照"能减则减、能简则简"的原则，进一步取消20项证券基金经营机构行政事项证明文件，对7项证明文件实施告知承诺制，简化2项证明事项，合计占比达63%；按照"最小、必要"原则，再压缩简化91项申请材料，减轻经营主体负担。

推进政务服务标准化。 2022年1月，对7项由行政许可改为备案管理的证券基金经营机构事项，主动制定备案办事指南，清晰列示备案依据、程序、要求、材料等，并在证监会网站公示，方便经营主体办事。修订发布《基金类行政许可审核工作指引1号》，通过制定监管规则，规范经营主体行为。

进一步精简行政许可事项。 发布《公开募集证券投资基金管理人监督管理办法》，取消基金管理公司不涉及主要股东、持股5%以上股东、公司实际控制人变更的股权审批事项。

创新审核、沟通形式，便利经营主体。 疫情期间及时回应经营主体需求，将现场咨询优化为视频咨询，为经营主体答疑解惑、方便经营主体办事。

推动政务服务事项"一网通办"。 将核准制、注册制下行政许可事项全部纳入一体化政务服务平台办理，实现统一身份认证，完成证监会机关与各证券交易所行政许可身份认证系统的有机融合，将证券基金机构行政许可、基金产品注册、日常监管中的备案报告等事项整合到统一系统，实现了相关业务"线上办理""一网通办"，有效改善了申请人多平台多账号情况，提升申请人办事体验。

全面实行行政许可清单管理。 逐项完善并在全国行政许可管理系统填报行政许可实施规范和办事指南，进一步推进证券基金行政许可规范化、透明化；在15个主项基础上，科学划分子项、业务办理项，逐项完善实施规范和办事指南，明确行政许可基本要素、设定依据、准予行政许可的条件及依据、申请材料目录及依据、中介服务事项、审批程序及依据、受理及审批时限、咨询方式等内容，并在证监会官网公开发布，为申请人申报行政许可提供清晰指引。

加强政策和流程透明度建设。 开展"阳光用权、透明审批"专项行动，清理"口袋"政策和隐形门槛，归并整合优化21件行政审批和备案领域规则标准；推动行政审批全流程公开透明，公布行政许可办理进度、行政许可反馈问询等过程性文件和行政许可批复文件。

强化交易所股票市场监管

加强交易所股票市场监管。 对交易所监管转型作出总体安排，依据交易所发行上市工作检查规则开展检查2次，制发检查重点、抽查审结项目、形成总结报告，提出问题并督促整改。制定发行上市审核重点事项权责清单，厘清证监会和交易所职责。强化日常监督管理，发现存在问题时及时发函提醒。

加强上市公司规范运作监管

从严打击财务造假等信息披露违法行为。 坚持"零容忍"方针，加大对信息披露不实、财务造假、占用担保等严重违法违规线索的核查检查力度，2022年发现并移送92起上市公司信息披露违法案件线索。强化现场检查全流程质量管理，印发加强上市公司现场检查工作的指导意见，提升检查工作精准度、有效性，提高现场检查发现财务造假的能力。加强日常监管与稽查执法协同配合，依法查处"紫晶存储""泽达易盛"等典型案件，有效震慑违法违规行为。对系统性防范、打击上市公司财务造假开展深入研究，力争通过综合治理，建立健全基础制度，增强各方监管合力，进一步净化资本市场生态。围绕"提高财务信息披露质量"及"全面及早发现财务舞弊"双重目标，审阅682家上市公司年度财务报告，发布《2021年上市公司年报会计监管报告》，督促指导资本市场经营主体严格执行会计准则和财务信息披露规则。发布《监管规则适用指引——会计类第3号》，明确11个具体会计问题的监管口径，及时回应市场关切。

深入推进公司治理专项行动。 2022年是公司治理专项行动的收官之年。全年完成公司治理专项检查543家次，聚焦同业竞争、承诺未履行等突出问题，分类施策、督促整改，发现了8 073个问题，推动整改了7 702个问题，整改率超过95%，一大批显性问题得到解决。整合修订上市公司章程、股东大会等规则，初步完善公司治理法规体系。会同财政部发布提升上市公司财务报告内部控制有效性的通知，联合银保监会印发规范上市公司与集团财务公司业务往来的专门文件，推动国资委出台提高央企控股上市公司质量的行动方案，形成规范治理的监管合力。推动95%以上公司召开业绩说明会，实现量质双升。

持续加强北交所上市公司日常监管。 全面排查北交所上市公司委托理财情况，督促7家公司进行整改。开展上市公司内幕交易防控专项活动，通过公司自查、现场检查、专题培训等方式，推动上市公司强化内幕信息管理。组织开展专题培训，累计完成培训约1 500人次，强化上市公司及关键少数合规意识，提升上市公司治理水平。

加强非上市公众公司监管

抓好新三板创新层、基础层日常监管。 落实分类监管要求，优化协作机制，完善分类标准，修订《非上市公众公司分类监管协作规程（试行）》和《挂牌公司分类指引（试行）》。对创新层公司，持续开展公司治理专项活动，多措并举提升北交所后备企业治理和内控水平。对基础层公司，明确底线要求，加强培育规范，在此基础上，简化信披内容和治理要求，降低企业成本。

优化分类监管协作机制，夯实挂牌公司规范基础。 确定560余家重点监管公司并动态调整，要求各证监局开展"接触式"监管。加大年报监管力度，对180余家挂牌公司进行现场检查，聚焦风险和问题，重点关注信息披露、公司治理、审计机构更换等情况。持续推进创新层"强基行动"，部署开展公司治理专项活动，提升北交所后备企业治理和内控水平，从源头上提升上市公司质量。研究完善契合"层层递进"市场体系的治理和信披要求。

从严打击各类违法违规行为，妥善化解重大风险。 坚持分层分类、突出重点，充分考虑挂牌公司中小企业为主的特点，研究制定《非上市公众公司监督管理措施实施工作指引（试行）》。加强风险台账管理，持续跟踪风险事项处置进展，严格落实重大风险事项报告制度。指导局所强化监管协同，加强舆情监测与风险防控，最大限度维护投资者利益，保障市场平稳运行。

加强债券市场监管

加强债券发行人监管。 2022年开展公司债券发行人现场检查近202家次，走访调研175余家次，对69家次责任主体出具行政监管措施。规范公司债券年报披露工作，分类施策，支持受疫情影响严重地区企业延期披露年报，对无故未按期披露年报的发行人采取自律处分和行政监管措施。

加强中介监管。 统筹风险处置和从严监管，对涉及重大风险处置违规的中介机构依法依规予以处理。2022年对公司债券承销机构、受托管理人采取行政监管措施16单，对相关责任人员采取行政监管措施6人次。常态化做好证券评级机构备案管理，严肃评级市场纪律，对证券评级机构采取行政监管措施3单。

加强可转债市场监管。 指导交易所制定首部可转债交易规则，优化完善交易机制，整合分散的规则和通知。推动可转债新规平稳落地实施，促进市场融资功能正常发挥，流动性保持在合理区间。

加强期货市场监管

加强期货市场日常监管。 加强市场预研预判，及时有效应对市场风险，持续加强期现联动监管，保障市场平稳运行。对大宗商品价格走势和风险点进行研判，及时分析俄乌冲突等对大宗商品市场的影响。针对部分大宗商品期货、现货价格同步上涨，各期货交易所对48个品种采取提高手续费、保证金，收紧限仓水平，实施交易限额等措施共计166次，有效抑制市场过热。2022年3月初，及时采取措施应对伦敦金属交易所镍期货价格非理性暴涨事件，取得良好效果。坚持查处违法违规行为"零容忍"。2022年，各期货交易所共处理异常交易行为1 969次，发现违规线索203条，自律处罚88起。移送线索3起，立案1起，对1起涉及铝等期货品种的虚假申报案件没收违规所得1 030万元，为期货市场自律处罚最高记录。

加强资本市场经营机构监管

持续提升市场经营机构监管效能。 加大问责力度，督促行业规范发展。开展重点业务现场检查，落实穿透式监管和全链条问责要求，对违规机构和人员依法采取监管措施，将典型案例在行业内通报，引导全业抓紧自查、对照整改，切实提升行业规范展业水平。常态化更新证券公司"白名单"，持续优化评价指标，发挥证券公司内控合规主体责任，切实减轻了行业机构负担，有效提升券商"获得感"。压实中介机构"看门人"责任。加大投行监管处罚力度，落实穿透式监管和全链条问责的要求，共对17家（次）证券公司和121名责任人员采取行政监管措施93项。专项开展保荐机构廉洁从业专项检查和专门培训，推动巡视整改常态化长效化。完成8家机构的投行内控与廉洁从业专项检查，按违规情节分别采取暂停保荐机构资格、责令改正等措施。不断净化咨询领域行业生态。2022年3月，证监会依法撤销上海证华证券投资咨询顾问有限公司（原名上海新兰德证券投资咨询顾问有限公司）和上海森洋投资咨询有限公司的证券投资咨询服务业务许可。

强化会计师事务所、资产评估机构监管。 加强对会计师事务所与资产评估机构从事证券服务业务首次备案的监管，强化对证券服务业务真实性存疑、专业胜任能力存疑等异常情形的问询，维护备案严肃性和市场合理秩序。强化年报审计监管，督促大所、预警所、新所等23家重点机构完善质量管理体系关键环节；加强退市类高风险公司、异常换所公司等重点审计项目监管，紧盯788个重点类上市公司年报审计项目，集中开展风险提示、约谈督导、报告审阅，督促会计师事务所严守底线。对8家会计师事务所和2家资产评估机构开展全面检查，对90个项目开展"打击财务造假"和"新所"专题检查，对108个项目开展执业质量检查，对95家次会计师事务所、19家次评估机构、260人次注册会计师、49人次资产评估师采取了行政监管措施，并将涉嫌违法违规项目移送稽查处理，进一步加大会计审计监管力度，压实"看门人"责任。发布《2021年度证券审计市场分析报告》《2021年度证券资产评估市场分析报告》和《会计师事务所从事证券服务业务年度执业信息》，提升资本市场审计评估透明度，引导会计师事务所和资产评估机构规范执业。

持续加强律师事务所从事证券法律业务监管。 联合司法部、中华全国律师协会制定出台《监管规则适用指引——法律类第2号：律师事务所从事首次公开发行股票并上市法律业务执业细则》。开展覆盖证券法律业务全类型的双随机检查和注册制领域首次公开发行股票并上市证券法律业务专项检查，36家证监局对39家次律师事务所承做的93个项目进行了现场检查。持续做好律师事务所违规执业案件查办工作，对5家律师事务所及12名律师采取警示函、监管谈话等行政监管措施。

持续督促行业机构有效发挥市场功能。 积极支持行业机构通过开展做市、跟投等业务提升市场的流动性和定价水平，进一步完善市场交易机制，保障市场安全，提升市场效率。引导基金管理人大力发展权益类基金，提升服务实体经济和居民财富增长水平，发挥资本市场"压舱石"和"稳定器"的积极作用。督促行业机构端正发展理念，实现集约型、差异化的高质量发展。

督促证券公司落实全面风险管理要求，研究优化证券公司风险控制指标计算标准，总结评估证券公司并表监管试点效果，研究制定并表监管指引。持续做好证券基金经营机构风险监测监控，建立健全常态化证券基金经营机构风险画像机制，加强对重点公司、重点业务、重点领域的监管。稳妥推进重点机构风险化解，有序压降风险敞口，确保风险不传导、不外溢、不衍生。

提升科技监管能力

提升监管信息化数字化水平。 印发《证监会智慧监管IT战略规划》，打造证监会智慧监管平台，持续建设监管云、证联网、监管大数据仓库等信息基础设施，构建行业基础数据库，着力开发重点领域监管和一线监管信息系统，进一步强化科技对监管的支撑和服务能力。完成12386服务平台系统建设，优化整合投资者诉求处理渠道。深化区域性股权市场科技创新应用，为穿透式监管和跨市场联通奠定基础。有序开展资本市场金融科技创新试点，引导行业运用新兴技术驱动金融创新。

加强信息技术系统服务机构监管。 完善备案协作机制，加强从事证券服务业务的信息技术系统服务机构首次备案监管。截至2022年末，共有363家信息技术系统服务机构完成首次备案。持续做好信息技术系统服务机构日常监管，完成信息技术系统服务机构2022年度备案。

稽查执法和打非清整

加大执法力度，依法从严打击证券违法活动

2022年，证监会以贯彻落实中办、国办印发的《关于依法从严打击证券违法活动的意见》为主线，坚持"稳字当头，稳中求进"工作总基调，坚持"建制度、不干预、零容忍"工作方针，坚持"四个敬畏、一个合力"监管理念，以提升稽查执法效能为导向，优化执法机制，深化执法合作，加强执法保障，切实提高违法成本，持续净化市场生态，严厉打击各类证券期货违法行为取得明显成效，为推动资本市场高质量发展提供坚强法治保障。全年，共受理违法违规有效线索413件，启动调查357件，新增立案案件271件，办结立案案件275件（见图5-1和图5-2）。

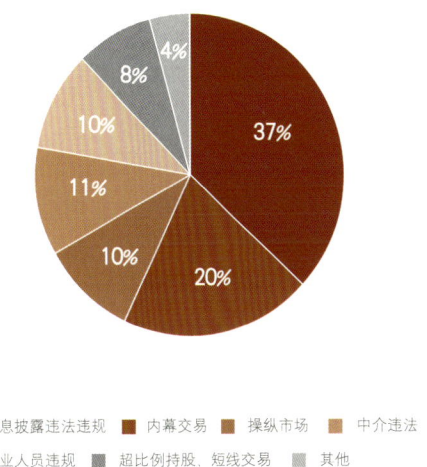

图5-2 2022年立案案件类型

资料来源：中国证监会。

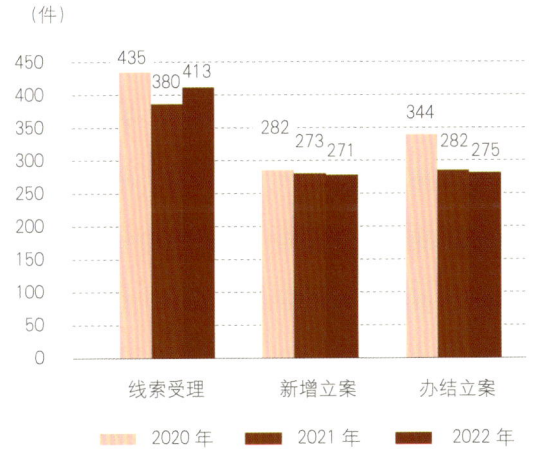

图5-1 2020—2022年案件办理总体情况

资料来源：中国证监会。

坚持行政处罚"零容忍"工作方针。深入贯彻中办、国办联合印发的《关于依法从严打击证券违法活动的意见》，强化审限管理，扎实稳步推进行政处罚工作。证监会系统全年共作出383份行政处罚决定，罚没金额27.33亿元，作出市场禁入决定73人次。从严从快审理涉"海航"系案件、"专网通信"系列案件、涉科创板财务造假案件，审慎处理"ST 新亿""ST 济堂"等可能构成重大违法退市案件，依法严厉打击"关键少数"。重拳处理2020年《证券法》（以下简称新《证券法》）出台后的首例违法减持案件，对科创板权重股药明康德大股东上海瀛翊违法减持行为罚款2亿元，对规范股东行为形成强有力示范效应。高效审结信永中和、中德证券、大公国际等中介机构违法案件，首次适用2020年《证券法》对堂堂会计事务所"没一罚六"并移送公安机关，倒逼中介机构归位尽责。

依法从严从快查办重大案件。服务监管大局，严厉打击发行人、上市公司欺诈、造假行为。全年立案调查信息披露违法案件125件，坚决查办了紫晶存储、泽达易盛、上海电气等一批社会关注的财务造假典型案件，护航全面注册制改革顺利实施。坚持一案双查，全年立案调查中介机构未勤勉尽责案件30件，推动中介机构尽职履职。

强化"严"监管氛围，依法查处严重扰乱市场交易秩序的违法行为。全年分别立案调查内幕交易、操纵市场66件和35件。依法严肃查处 *ST 美尚实控人王某涉嫌操纵市场、李某等人涉嫌内幕交易新莱应材等典型案件。紧盯特定领域案件，持续巩固市场良好生态。强化债券市场统一执法，及时部署查办多起债券市场信息披露违法案件，维护债券市场信用基础。依法惩治北交所市场违法违规行为，严查生物谷大股东资金占用等典型案件，保障北交所改革顺利实施。

强化证券执法合力

充分发挥最高人民检察院（以下简称最高检）、公安部驻证监会体制优势，强化行政刑事执法高效衔接，全年向公安机关移送涉嫌犯罪案件线索123件，推动刑事追责落地率持续提升。会同最高检、最高人民法院（以下简称最高法）、公安部首次联合发布5宗证券犯罪典型案件，有力警示震慑证券违法犯罪活动。

及时向地方政府、有关部委、纪检机关通报重大案件40件次，有效推动高效办案、促进信息互通、提示重大风险。会同人民银行、发展改革委制定债券市场统一执法线索移送及会商工作规程，优化债券市场统一执法流程。持续开展与香港证监会执法合作，全年办理涉香港证监会协查请求82件，与香港特别行政区证监会召开第十三次执法合作工作会议。

依法履行行政复议、应诉职责

2022年共办理行政复议案件374件（含往年结转57件），已办结行政复议案件244件。其中，驳回或维持229件，撤销、变更5件。出具行政复议意见建议书16份，督促规范执法，推动执法尺度统一。妥善化解行政争议，8件案件当事人主动撤回行政复议申请。加强统筹协调指导，凝聚系统力量，保障应诉工作成效。2022年全年共办理行政应诉案件274件（含往年结转86件），通过出庭应诉强化行政行为监督，提高执法的规范化、法治化水平。

妥善应对行政诉讼，处罚标准进一步巩固和确认。 2022年共办理行政处罚诉讼案件260件，较2021年的188件上涨38%，创历史新高。截至2022年末，在法院已经作出的169份判决中，中国证监会胜诉163件，胜诉率达96.4%。北京金融法院"行政诉讼首案"杨慧兴等操纵市场案、黄建雄证券从业人员违法买卖股票案等引起市场广泛关注或者争议较大案件胜诉，唐文波内幕交易案更是实现了一审败诉、二审"翻盘"的历史性突破，为证券市场的有序运行划定了监管红线，证监会行政处罚标准得到进一步巩固和确认，执法权威和公信力得到进一步加强。

强化清理整顿与打非工作

打防并举，大力遏制非法证券期货活动。 组织开展第三届全国防非宣传月活动，创作3.1万件作品，覆盖超7.8亿人次，主要网络平台删除清理涉非信息、文章、音频、视频等2.8万个，阶梯处理账户1.2万个，下架违规商品100余件。组织"防非护财产 捐步助乡村"健步走特色品牌活动，开展防非宣传，并向对口帮扶县贫困生助学项目配捐100万元。与中央网信办联合发布《非法证券活动网上信息内容治理工作方案》，专项治理股市"黑嘴"、非法荐股、假冒仿冒证券经营机构等非法证券活动网上信息。打击"莫桑比克国际证券交易所"非法发行股票等案件。2022年，累计向公安司法部门出具性质认定意见111份，取缔涉非机构、网点49个，支持公安机关对涉非案件立案82件，破案55件，抓捕犯罪嫌疑人394人。

组织召开清理整顿各类交易场所部际联席会议第七次会议。强化部际央地协同，持续推进金融资产类交易场所、"伪金交所"、产权交易场所违规金融活动专项整治，相关领域风险显著收敛。交易场所数量持续下降，长效机制不断完善。

防范化解金融风险

股票质押风险持续下降

近年来，在国务院金融委的统一领导下，证监会与其他金融监管部门协同发力，通过控增量、消存量，推动股票质押风险持续下降。截至2022年12月末，共有2 481只个股涉及质押融资业务，较年初减少36只；质押市值占A股总市值的4.07%，较年初下降0.5个百分点；大股东高比例质押公司家数从高峰期的702家下降至270家。

推动"清欠解保"常态化

针对上市公司资金占用和违规担保的顽疾，证监会全面摸排风险隐患，深入开展专项治理，通过分类施策，限期整改，精准打击，牢牢压实整改责任，市场整体风险得到有效遏制。截至2022年末，全市场占用担保余额较历史峰值下降了约80%。联合多部委修订占用担保规则，进一步明确上市公司资金往来、对外担保的监管要求，阐明合规底线和监管红线。同时，研究加大追责力度，完善行政、刑事、民事的全链条追责体系，持续巩固从严监管氛围。

扎实推进债券违约风险防范和化解处置

全力维护党的二十大期间债券市场稳定运行，未发生重大风险事件、涉众风险和重大舆情。强化风险防控体制机制建设，防范城投、房地产等重点领域风险。2022年3月，联合国资委、人民银行召开地方国有企业债券风险防控工作视频会，加强国企监测预警协同。坚决贯彻落实中央政府决策部署，落实改善优质房企资产负债表计划，研究提出资本市场支持房地产行业健康发展的政策措施。推动发行人与投资人协商展期，丰富市场化、法治化、多元化的债券风险处置机制。防范弱资质城投风险，加强与地方政府的监管联动，压实发行人、受托管理人主体责任。

加强期货公司风险监管指标日常监测

完成期货公司监管综合系统（FISS）重构工作，进一步丰富风险监测指标体系，促进监管效能提升。建立重点公司风险防范预警机制。全面摸排行业机构风险，建立重点公司监测监控及信息共享机制，针对性地形成风险处置预案。稳妥有序推进个案风险处置工作，督促相关期货公司进一步提升资本实力和治理水平。

完成高风险证券机构处置

坚定不移贯彻"稳定大局、统筹协调、分类施策、精准拆弹"的基本原则，通过市场化、法治化手段完成涉"明天系""先锋系"等相关高风险证券经营机构处置工作。2022年3月，证监会核准中国诚通控股集团有限公司成为新时代证券控股股东，5月核准新时代证券恢复正常经营并结束对新时代证券的接托管措施。2022年7月，证监会依法结束对国盛证券接管，并于8月核准其实际控制人变更、12月核准国盛证券恢复正常经营。2022年4月，证监会核准北京指南针科技发展股份有限公司全资控股网信证券，7月网信证券破产重整计划执行完毕，8月结束风险处置工作。高效高质完成华融证券、方正证券股权变更，实现问题股东退出、适格股东引入。

推动证券基金公司组织架构规范及行业机构出清

顺利完成为期3年的证券基金经营机构境外子公司规范整改收口工作。证券基金行业总体完成规范整改，并对有个别事项未按期完成整改的公司依法采取监管措施。完成为期4年的证券公司子公司清改规范工作。注销11家基金销售机构许可证，制定基金专户子公司分类监管方案，完成行业首家基金专户子公司主动申请注销工作。

防范化解信息安全风险

全面做好党的二十大、北京冬奥会等重大政治活动和国际赛事期间的行业网络安全和数据安全保障工作,妥善应对疫情带来的风险隐患,加大网络安全事件调查处置力度,深入开展行业关键信息基础设施安全保护,坚决守牢信息安全风险底线,确保证券期货行业安全平稳运行。

加强上市公司破产重整监管

指导交易所发布破产重整专项信息披露指引,明确各环节和关键事项的信息披露时点及具体要求。2022年共支持11家上市公司通过重整化解风险。

资本市场法治建设和提高证券违法成本

推动资本市场法治建设，完善资本市场基础制度

资本市场基础性制度进一步得到体系化改善，资本市场法律体系"四梁八柱"基本建成。推动立法机关审议通过《期货和衍生品法》。推动《公司法》《企业破产法》修订和《金融稳定法》制定。推动《私募投资基金监督管理条例》《上市公司监督管理条例》《公司债券管理条例》制定。推动最高人民法院修订发布《关于审理证券市场虚假陈述侵权民事赔偿案件的若干规定》，并联合发布配套通知。推动最高人民法院制定出台《最高人民法院关于为深化新三板改革、设立北京证券交易所提供司法保障的若干意见》。推动最高人民检察院、公安部出台《关于公安机关管辖的刑事案件立案追诉标准的规定（二）》。

持续完善资本市场重要制度规则。发布实施《证券基金经营机构董事、监事、高级管理人员及从业人员监督管理办法》，规范证券基金经营机构董事、监事、高级管理人员及从业人员的任职管理和执业行为，压实经营机构管理主体责任，促进证券基金经营机构合规、稳健运行。指导证券交易所和证金公司修订融资融券及转融通业务规则10项。支持科创板推出做市业务，指导证券交易所和证金公司制定《科创板做市借券业务细则》。支持北交所发展交易机制改革，发布《北京证券交易所融资融券交易实施细则》，稳妥推出融资融券业务。指导证券业协会发布《证券行业诚信准则》《证券公司文化建设实践评估办法》和《中国特色证券行业文化建设工作规划》，将行业文化建设摆在推动高质量发展突出位置，督促践行"合规、诚信、专业、稳健"执业理念，推进行业文化建设。指导证券业协会制定并发布《证券公司投行业务质量评价办法（试行）》，发布首次评价结果，进一步发挥声誉约束作用。指导证券业协会发布《证券公司建立稳健薪酬制度指引》，指导基金业协会发布《基金管理公司绩效考核与薪酬管理指引》，引导证券基金经营机构健全薪酬激励约束机制，促进证券基金经营机构稳健经营和可持续发展。发布《关于加快推进公募基金行业高质量发展的意见》，围绕积极培育专业资产管理机构、全面强化专业能力建设等方面，清晰构建未来行业高质量发展的方向和目标。发布实施《公开募集证券投资基金管理人监督管理办法》及其配套规则，从"准入—内控—经营—治理—退出—监管"全链条完善公募基金管理人监管要求，推动构建多元开放、进退有序的行业生态。发布实施《个人养老金投资公开募集证券投资基金业务管理暂行规定》，对参与个人养老金投资公募基金业务的各类市场机构及其展业行为予以明确规范。联合财政部、司法部发布实施《关于加强注册制下中介机构廉洁从业监管的意见》，首次对证券公司、会计师事务所、律师事务所提出廉洁风险防控统一要求。

持续做好证券登记结算机构监管工作。证监会指导中国结算修订《结算备付金管理办法》，将股票类结算备付金最低缴纳比例由18%调降至16%，降低市场成本。完善行政处罚基础制度。制定处罚基础规则体系任务清单，强化规则体系建设顶层谋划，推动审理规范化建设"长久立"，强化"精准追责"，为依法裁量与统一尺度提供重要遵循。

加强资本市场"零容忍"制度建设，大幅提高违法成本

持续推动《关于依法从严打击证券违法活动的意见》（以下简称《意见》）贯彻落实工作。会同最高检联合印发《关于建立健全资本市场行政执法与检察履职衔接协作机制的意见》，建立健全资本市场行政执法司法协作机制。首次与最高检联合开展证券期货业务培训。在各方共同努力下，依法从严打击证券违法活动的执法司法体制和协调配合机制初步建立，投资者权利救济渠道更加通畅。

加强资本市场诚信建设，发挥诚信约束机制作用

贯彻落实中办、国办《关于推进社会信用体系建设高质量发展促进形成新发展格局的意见》精神，深入推进资本市场诚信建设。完成资本市场诚信数据库系统二期升级改造。截至2022年末，诚信数据库共收录主体信息近80.07万条，信息覆盖市场机构近7.49万家和人员72.58万余人；证券期货系统诚信信息12.71万余条，其中行政许可信息3.44万条，违法违规信息3.25万条，自律管理信息0.91万条，承诺及其履行情况信息4.16万条，违约失信信息382条，正面诚信信息9 079条；部际共享信息2 553.56万条。完善以公示查询为手段的社会诚信监督机制，充分发挥诚信数据库服务市场的功能。截至2022年末，查询平台共收录信息2.5万余条，平台总查询量达2 047.72万余次，日均6.13万余次，2022年全年累计公示12批共计710个严重违法失信主体，涉及机构91家，人员619人，处罚处理决定281份。持续提升资本市场与其他领域信用信息互联互通水平，上线公开政务信用信息查询分析平台，2022年全年向全国公共信用信息共享平台推送资本市场违法信息1.25万条，对私募基金管理人等主体强化失信惩戒与信用协同监管。

保护投资者合法权益

优化投资文化理念

完善投资者保护机制

健全投资者行权维权机制

提升投资者服务水平

加强投资者教育

优化投资文化理念

培养良好的投资文化。 持续开展投资者教育工作，帮助投资者树立长期投资、价值投资、理性投资的投资理念，提升投资者自我保护能力。

完善投资者保护机制

持续完善中国特色的投资者保护制度体系。 期货和衍生品法设置"期货交易者"专章。出台《关于证券违法行为人财产优先用于承担民事赔偿责任有关事项的规定》，推动民事赔偿优先原则在资本市场率先落地。制定《欺诈发行上市股票责令回购实施办法（试行）》，细化《证券法》责令回购规定，强化投资者权益保护。修订并发布《上市公司投资者关系管理工作指引》。指导沪深北交易所、上市公司协会联合发布《加强投资者关系管理 助推上市公司高质量发展倡议书》。指导交易所等完善《公开征集上市公司股东权利管理暂行规定》配套制度。在证券发行交易制度中纳入先行赔付要求。研究优化可转债适当性管理规则。指导交易所制订主板投资者风险揭示书必备条款。

健全投资者行权维权机制

完善证券纠纷代表人诉讼常态化机制。 推动特别代表人诉讼相关工作，支持投资者保护机构优化案件办理流程、开展案件梳理评估等。持续加强普通代表人诉讼服务，支持投资者保护机构为普通代表人诉讼提供损失测算等服务，降低投资者维权成本，提高维权效率。

加大证券支持诉讼工作力度。 截至2022年末，中证中小投资者服务中心（以下简称投服中心）累计提起证券支持诉讼50件、股东诉讼4件，诉求总金额约1.28亿元，累计获赔投资者748人，获赔总金额约6 151万元。

深入推动持股行权工作开展。 截至2022年末，投服中心共计持有5 092家上市公司股票，共计行权3 440场，累计行使包括建议权、质询权、表决权、查阅权、诉讼权、临时股东大会召集权在内的股东权利4 346次。

提升投资者服务水平

设立12386服务平台，畅通投资者诉求反映渠道。 建设12386网络平台，与12386热线电话共同构成12386服务平台，实现从单一热线向综合性服务平台的重要变革，建立了一个对外窗口、一个处理系统、一套基本制度、一套考核体系的"四个一"诉求处理新机制。12386服务平台正式上线后，运行平稳顺畅，投资者诉求处理质效持续提升，切实增强了投资者的获得感。2022年，12386服务平台共接收处理投资者诉求约13万件，为投资者挽回损失约6 000万元，收到投资者感谢信161封。

推动"总对总"证券期货纠纷在线诉调对接机制落实落地。 全部证券期货调解组织均与对应高院、中院建立"总对总"在线诉调对接机制。对调解员开展系列培训，总结提炼典型案例，推动调解工作提质增效。优化升级中国投资者网证券期货在线调解平台，上线中国投资者网调解平台微信小程序，实现手机端在线调解。2022年，各调解组织共受理案件5 235件，调解成功3 272件，投资者获赔金额3.43亿元。

开展投资者保护监督检查、投资者状况调查评估和行为分析。 部署2022年投资者保护现场检查工作。组织开展2021年度全国股票市场投资者行为分析。组织开展2021年度全国期货市场交易者状况调查。组织开展可转债专项调查和投资者关系管理调查。编制发布《中国资本市场投资者保护状况蓝皮书（2022）》及系列子报告。

强化中国投资者网功能建设。 推动中国投资者网规范运营，丰富网站投教产品展播，研究优化网站功能，形成网站升级规划方案。

加强投资者教育

开展投资者教育专项活动。以"心系投资者，携手共行动——筑牢注册制改革基础，保护投资者合法权益"为主题举办第四届5·15全国投资者保护宣传日活动。开展3·15国际消费者权益日、世界投资者周、公募REITs和"读懂上市公司报告"等投教专项活动。组织系统单位开展系列品牌投教活动。会同人民银行、银保监会、网信办开展金融知识普及月活动。建立退市投资者教育工作机制，加强投资者风险提示。

督促投资者教育基地提高服务质效。截至2022年末，全国已建设197家实体和互联网投资者教育基地。通过调研、检查、考核等方式，发现投教基地存在的问题和不足，推动投教基地聚焦主责主业，切实服务投资者，主动宣传扩大影响力。考核期内，97.6%的投资者对基地表示满意，投教基地有进有出、优胜劣汰的良性发展局面初步形成。

持续推动投资者教育纳入国民教育体系。深化与各地教育部门、大中小学等拓展合作机制，推进证券期货知识纳入课程教材，促进教师培训、学生实践等深度合作。在证监会官网持续发布投资者教育纳入国民教育体系大中小学系列课程30余节，普及证券期货知识教育，提升国民金融素养，培养理性投资意识，助力资本市场高质量发展。

对外开放

资本市场双向开放

国际交流与合作

资本市场双向开放

资本市场互联互通

沪深港通机制日益深化。2022年7月，ETF纳入沪深港通标的正式实施。截至2022年末，北向互通标的ETF83只，规模合计7 217.31亿元；南向互通标的ETF5只，规模合计1 695.80亿元。2022年8月，启动优化沪深港通交易日历安排，开放因不满足结算安排而关闭的沪深港通交易日，将不可交易日减少一半。2022年12月，中国证监会与香港证监会发布联合公告，原则同意两地交易所进一步扩大股票互联互通标的范围。2022年，沪深港通成交金额29.51万亿元，其中沪港通、深港通成交金额分别为13.82万亿元、15.69万亿元。截至2022年末，沪深股通投资者净买入A股900.20亿元，其A股交易金额为23.28万亿元，占A股交易总额的5.20%。沪深股通投资者持有A股流通市值2.24万亿元，占A股总流通市值的3.27%。港股通投资者净买入港股3 358.94亿元，其港股交易金额为6.23万亿元，占港股交易总额的11.77%。港股通投资者持有港股2万亿元，占港股总市值的6.27%。

境内外ETF互通平稳运行并顺利拓展。截至2022年末，累计推出6只内地与香港ETF互通产品。其中，南向ETF存量规模约86.01亿元人民币，北向ETF存量规模约1.53亿元人民币。中日ETF互通机制下共有11只中日ETF互通产品在上交所、深交所和东京证券交易所挂牌。中新ETF互通顺利开通。2022年11月14日，中国平安与新加坡大华ETF互通北向产品在新加坡交易所（以下简称新交所）上市；2022年12月30日，中国南方基金与新加坡南方东英ETF互通双向产品在深交所、新交所同步挂牌上市。

拓展优化沪伦通。发布实施《境内外证券交易所互联互通存托凭证业务监管规定》及所司配套制度规则，"沪伦通"机制在境内拓展至深交所，境外拓展至瑞士、德国。2022年7月28日，"中瑞通"业务正式开通，首批沪深两所共4家公司在瑞士证券交易所发行全球存托凭证（GDR）并上市。2022年，共有10家公司在英国、瑞士发行GDR并上市，共募集资金38.94亿美元。

投融资跨境双向流动

完善企业境外上市监管制度。贯彻落实党中央、国务院决策部署和《证券法》要求，证监会全面总结实践经验，深入调查研究并公开征求社会意见，推动完善企业境外上市制度规则，支持企业依法合规赴境外上市，利用境外资本市场实现规范健康发展。

支持符合条件的企业赴境外上市融资。2022年，证监会核准33家境内企业H股IPO（包括17家同时实施"全流通"的公司），7家H股公司境外再融资，13家H股公司单独实施"全流通"，16家公司发行全球存托凭证GDR。2022年，有26家境内企业完成H股IPO，筹资795.12亿港元；5家H股公司完成境外再融资，筹资146.70亿港元；10家公司完成GDR，筹资38.94亿美元，合计融资1 245.51亿港元。

有序扩大证券期货基金服务业双向开放。2022年，继续落实取消证券公司、基金管理公司外资股比限制政策。批准泰达宏利基金变更为外商独资基金管理公司，成为首家由外商参股变更为外商独资的基金公司。批准苏州银行与新加坡凯德基金管理公司合资设立苏新基金公司。为外商独资的路博迈基金公司、富达基金公司颁发许可证，允许正式开业。同意5家证券基金公司在境外设立9家子公司，其中包括设立澳门特区、新加坡、欧洲子公司各1家。截至2022年末，共有17家合资证券公司（含2家外商独资证券公司）、47家合资基金管理公司（含4家外商独资基金管理公司），35家证券公司在香港特区、新加坡、老挝共设立、收购或参股36家经营机构，27家基金管理公司在香港特区、美国、新加坡设立或收购28家经营机构。截至2022年末，在基金业协会登记的外资私募证券管理人38家，备案基金产品237只，管理规模672.84亿元。支持符合条件的证券类经营机构设立驻华代表机构,完成外国证券类机构驻华代表处申请审批1家。2022年,在上海、广州等11个试点地区推行境外证券基金专业人才在境内从业特别程序,允许符合条件的境外专业人才通过简化程序办理执业登记。

稳步推进期货市场对外开放。 2022年新增对外开放8个豆系期货和期权品种,期货期权国际化品种增至17个。2022年12月,对黄大豆1号、黄大豆2号、豆粕、豆油期货和期权品种引入境外交易者参与交易。2023年1月,对菜籽油、菜籽粕、花生期货和期权品种引入境外交易者参与交易,有序推进油品油料期货期权品种一体化开放。2022年9月,各期货交易所发布公告,正式落地实施合格境外投资者参与商品期货、期权及股指期权交易。各期货交易所2022年向合格境外机构投资者和人民币合格境外机构投资者新增开放42个商品期货、商品期权和股指期权品种。

完善境外机构投资者进入交易所债券市场的制度安排。 2022年5月,证监会与人民银行、外汇局发布联合公告,允许已进入银行间债券市场的境外机构投资者投资交易所债券市场,进一步深化债券市场对外开放。指导深交所建设粤港澳大湾区债券平台,吸引境内外多元化投资者,进一步推动深港深度融合发展。

扩大对港澳台开放

研究对港扩大开放新举措,宣布扩大沪深港通股票标的、支持香港特区推出人民币股票交易柜台和支持香港特区推出国债期货三项政策举措。进一步深化两地资本市场务实合作,支持香港特区巩固国际金融中心地位,促进两地市场协同发展。建立粤港澳大湾区债券平台,启动跨境债券产品挂牌服务试点工作。支持澳门特区发展特色金融,促进经济适度多元发展。支持符合条件的台资企业在大陆上市融资发展,2022年,新增10家台资企业成功在大陆上市融资,创近年来上市家数新高。截至2022年末,累计已有59家台资企业在A股上市,募集资金714.62亿元。持续推动落实"31条措施"取得实效,截至2022年末,适用简化程序通过证券基金期货从业资格考试的台胞达250余人。

国际交流与合作

跨境监管和执法合作

持续完善跨境监管合作机制。 截至2022年末，证监会共与67个国家（或地区）的证券期货监管机构签署双边监管合作谅解备忘录，建立了监管合作机制。

积极开展跨境监管与执法合作。 证监会认真履行多边备忘录下跨境执法合作义务，2022年共收到外国证券期货监管机构跨境执法协查请求18件，已办结18件（含往年结转）；收到外国监管信息协查请求42件，已办结25件（含往年结转）。积极利用现行跨境协查机制，为2个案件的境外调查需求向3家外国监管机构发送执法协查请求。

中美审计监管合作取得进展。 2022年8月，证监会、财政部与美国公众公司会计监督委员会（PCAOB）签署审计监管合作协议，将双方对相关会计师事务所的检查和调查活动纳入双边监管合作框架下开展。合作协议签署以来，中美双方监管机构严格执行各自法律法规和协议的有关约定，合作开展了一系列卓有成效的检查和调查活动，各项工作进展顺利。2022年12月15日，PCAOB公告确认2022年度可以对相关事务所完成检查和调查，撤销了此前对中国内地和香港会计师事务所作出的负面评价。中美审计监管合作取得重要阶段性成果，极大缓解在美中概股集体退市风险。

政府间财金对话和投资自贸协定谈判

证监会积极参与中欧、中沙、中新等政府间财金对话磋商机制，推动对话成果共识落实落地。做好《服务贸易国内规制参考文件》的落实工作，进一步增强金融服务领域政策透明度。参与多项双边自贸协定谈判，推进贸易和投资自由化、便利化。

与国际组织的合作交流

深入参与国际证监会组织（IOSCO）相关工作。 全面参与IOSCO相关国际标准的制定和政策研究等工作。重点参与国际社会高度关注的可持续金融各项工作，就国际可持续准则理事会（ISSB）正在制定的可持续发展报告准则征求意见稿研提意见和建议。积极推动其更多反映新兴市场的诉求与主张，努力提高相关国际标准的包容性和普适性。同时，主动加强同香港证监会（SFC）、新加坡金管局（MAS）等境外监管机构的政策沟通与协调。主动参与IOSCO与金融稳定理事会（FSB）关于新冠疫情全球大流行期间的金融市场稳定研究及多边协调工作，并就货币市场基金脆弱性及非银金融中介韧性等相关政策建议研提意见和建议，主动加强国际宏观政策协调与配合。积极参与IOSCO评估委员会（AC）关于集合投资计划流动性风险管理的专项评估，并在所有建议上获得"完全一致"的最高评分。成功连任IOSCO多边备忘录监督小组（MMoU MG）副主席及二级市场监管委员会（C2）和衍生品委员会（C7）副主席职务，积极推动IOSCO多边备忘录框架下的跨境监管与执法合作，主动牵头C2有关市场韧性报告的研究起草，深入参与C7有关商品衍生品市场原则的修订，积极宣传我国资本市场的特色监管经验与良好做法，主动贡献中国智慧与中国方案。

深化与其他国际组织合作。 继续以线上方式落实与国际货币基金组织（IMF）中长期技术援助谅解备忘录；支持证监会系统单位积极申请亚洲开发银行（ADB）的知识合作技术援助项目；继续认真参与IMF第四条款磋商、经济合作与发展组织（OECD）公司治理委员会有关工作，增进国际社会对我国资本市场的理解和认可；配合有关部委参与二十国集团（G20）等多边框架下的务实合作。

专栏　中国证监会国际顾问委员会第十九次会议召开

中国证监会国际顾问委员会（以下简称顾委会）第十九次会议于2022年12月8日以视频会议形式召开。委员们积极评价中国政府坚定不移推进改革开放的政策定力，认为中国资本市场在过去一年深化改革、开放合作和防范风险等方面均取得显著成效，为支持中国经济高质量发展和全球经济复苏发挥了积极作用。

顾委会主席霍华德·戴维斯先生、副主席史美伦女士等14名顾委会委员和特邀嘉宾以及中国证监会主席易会满、副主席方星海出席会议。本次会议主题为"全球大变局下中国资本市场高质量发展与高水平开放"。与会委员围绕"全球大变局下中国资本市场面临的机遇与挑战""深化基础制度改革，提升资本市场功能，更好服务经济高质量发展"和"立足中国实际，借鉴国际有益经验，逐步完善可持续信息披露制度"等3个议题进行了坦诚、深入和广泛的交流。

委员们热烈欢迎中美两国元首在巴厘岛会晤所释放的积极信号，积极评价中美审计监管合作取得的实质性进展，认为推动中美关系改善发展，将有利于稳定全球资本市场的预期与信心，促进全球经济复苏。委员们普遍认为，在当前十分严峻复杂的国际政治、经济和金融形势下，各国政府与证券监管机构应当坚持和弘扬开放合作精神，努力加强沟通，重建信任，共同应对全球挑战。

委员们还就中国资本市场进一步深化改革、加强开放合作、增强投融资功能发挥、强化政策预期引导、结合国情推进可持续信息披露等方面提出了咨询意见与工作建议。

附录

附录 1　2022 年证券期货市场监管大事记

附录 2　2022 年颁布的部门规章和规范性文件

附录 3　系统单位简介及联系方式

附录1　2022年证券期货市场监管大事记

1. **1月1日**　证监会发布《证券期货行政执法当事人承诺制度实施规定》（证监会令第194号）。

2. **1月1日**　证监会、财政部联合发布《证券期货行政执法当事人承诺金管理办法》（证监会公告〔2022〕1号）。

3. **1月7日**　证监会发布《关于北京证券交易所上市公司转板的指导意见》（证监会公告〔2022〕25号）。

4. **1月10日**　证监会副主席方星海视频参加香港特区政府与香港贸易发展局联合举办的第十五届亚洲金融论坛，并就支持香港国际金融中心建设，促进两地市场优势互补、协同发展发表主题演讲。

5. **1月17日**　证监会召开2022年系统工作会议，深入学习贯彻党的十九届六中全会和中央经济工作会议精神，总结2021年工作，分析当前形势，研究部署2022年重点工作。易会满同志作题为《坚持稳字当头　深化改革攻坚　奋力建设中国特色现代资本市场》的工作报告，李超同志主持会议，方星海、赵争平、樊大志、王建军同志参加。中央组织部、中央财办、国务院办公厅等单位有关同志应邀参会。

6. **1月20日**　经人民银行和证监会批准，上交所、深交所、全国银行间同业拆借中心、银行间市场清算所股份有限公司、中国结算联合发布《银行间债券市场与交易所债券市场互联互通业务暂行办法》。

7. **1月22日**　由最高人民法院与中央广播电视总台共同主办的"新时代推动法治进程2021年度十大案件"评选结果揭晓，投资者服务中心申请发起的"中国证券集体诉讼第一案——康美药业案"入选。

8. **1月28日**　证监会发布《关于注册制下提高招股说明书信息披露质量的指导意见》（证监会公告〔2022〕27号）。

9. **2月11日**　证监会发布《境内外证券交易所互联互通存托凭证业务监管规定》（证监会公告〔2022〕28号）。

10. **2月17日**　按照北京2022年冬奥会和冬残奥会运行指挥部专题调度会议精神，北交所被纳入"双奥之城新气象——2022中外媒体北京行"城市形象采访活动的采访点之一。中外媒体记者先后参观挂牌大厅、审核中心前台和受理室，体验企业上市敲钟现场，观看北交所宣传片，了解北交所电子化受理情况、全国股转公司贯彻注册制改革情况和市场改革发展成果。纽约时报、美联社、法新社等国际主流媒体在内的45家中外媒体的68名记者参与。

11. **2月18日**　证监会发布《证券基金经营机构董事、监事、高级管理人员及从业人员监督管理办法》（证监会令第195号）。

12. **2月21日**　中央巡视工作领导小组召开十九届中央第八轮巡视集中反馈会议，传达学习习近平总书记听取中央第八轮巡视综合情况汇报时的重要讲话精神，通报巡视发现的突出问题，对巡视反馈和整改工作进行集中部署、提出明确要求。2月22日，中央第六巡视组向证监会党委反馈了巡视情况。组长王荣军分别向证监会党委书记、主席易会满和证监会党委领导班子反馈巡视情况。易会满同志主持向领导班子反馈会议并就做好巡视整改工作讲话。

13. **3月16日**　证监会主席易会满会见韩国驻华大使张夏成一行，双方主要就中国资本市场改革开放、韩国资本市场发展经验、中韩资本市场务实合作等议题进行交流。

14. **3月22日**　证监会召开2022年系统全面从严治党暨纪检监察工作会议，深入学习贯彻十九届中央纪委六次全会精神和习近平总书记听取中央第八轮巡视情况汇报时的重要讲话精神，总结2021年全面从严治党和纪检监察工作，对全力推进巡视整改进行再动员、再部署，明确2022年重点任务安排。易会满同志作讲话，樊大志同志主持会议并就做好系统纪检监察工作进行安排部署。李超、赵争平、王建军同志参加会议。

15. 3月28日　证监会副主席方星海视频会见中国欧盟商会（European Union Chamber of Commerce in China）主席伍德克（Joerg Wuttke）及会员企业代表一行，双方主要就欧资金融企业对华信心及在华展业关切和诉求等议题进行交流。

16. 4月9日　上市公司协会第三届会员代表大会在北京召开。易会满同志出席会议并作题为《奋发有为 迎难而上 努力开创上市公司高质量发展新局面》重要讲话，王建军同志参会。

17. 4月11日　证监会发布《上市公司投资者关系管理工作指引》（证监会公告〔2022〕29号）。

18. 4月29日　证监会发布《关于完善上市公司退市后监管工作的指导意见》（证监会公告〔2022〕31号）。

19. 4月29日　上交所、深交所、北交所、全国股转公司和中国结算联合发布《关于退市公司进入退市板块挂牌转让的实施办法》。

20. 5月12日　证监会发布《证券公司科创板股票做市交易业务试点规定》（证监会公告〔2022〕32号）。

21. 5月20日　证监会发布《证券登记结算管理办法》（证监会令第197号）。

22. 5月20日　证监会发布《公开募集证券投资基金管理人监督管理办法》（证监会令第198号）。

23. 5月20日　证监会印发《关于进一步发挥资本市场功能 支持受疫情影响严重地区和行业加快恢复发展的通知》（证监发〔2022〕46号）。

24. 5月24日　证监会办公厅 发展改革委办公厅印发《关于规范做好保障性租赁住房试点发行基础设施领域不动产投资信托基金（REITs）有关工作的通知》（证监办发〔2022〕53号）。

25. 5月27日　证监会发布《关于结束新时代证券股份有限公司接管的公告》（证监会公告〔2022〕34号）。

26. 5月27日　证监会发布《证券发行上市保荐业务工作底稿指引》（证监会公告〔2022〕35号）。

27. 5月27日　证监会发布《保荐人尽职调查工作准则》（证监会公告〔2022〕36号）。

28. 5月27日　由最高人民法院民二庭、厦门证监局等9家单位共同主办的首届厦门金融司法协同论坛成功举办。最高人民法院审判委员会副部级专职委员刘贵祥，证监会副主席李超，福建省副省长黄海昆，福建高院院长金银墙等出席开幕式并致辞。

29. 5月31日　证监会、司法部、财政部联合发布《关于加强注册制下中介机构廉洁从业监管的意见》（证监会公告〔2022〕37号）。

30. 7月4日　ETF纳入内地与香港股票市场互联互通机制正式启动，市场各方反应积极正面，北向资金积极买入。上交所、深交所、港交所及中国结算以线上方式共同举办ETF纳入互联互通开通仪式。

31. 7月16日　证监会依法结束对国盛证券、国盛期货接托管措施。

32. 7月22日　在科创板开市三周年之际，上交所举行科创板企业座谈会。时任上海市委书记李强和证监会主席易会满出席座谈会并讲话。上海市领导诸葛宇杰、吴清同志，证监会领导李超、王建军同志出席座谈会。

33. 7月27日　证监会、财政部联合发布《关于证券违法行为人财产优先用于承担民事赔偿责任有关事项的规定》（证监会公告〔2022〕40号）。

34. 7月28日　证监会副主席方星海与瑞士财政部国务秘书斯托菲尔（Daniela Stoffel）通过视频连线方式共同宣布中瑞证券市场互联互通存托凭证业务正式开通并致辞。沪市上市公司科达制造，宁波杉杉，深市上市公司格林美、国轩高科在瑞士证券交易所成功发行并上市全球存托凭证（GDR）。

35. 7月29日　证监会召开2022年系统年中监管工作会议暨巡视整改常态化长效化动员部署会议，认真贯彻中央政治局分析研究当前经济形势、部署下半年经济工作的会议精神，全面落实党中央关于推动巡视整改常态化长效化的部署，总结工作，分析形势，部署巡视整改和下半年重点监管工作。易会满同志作题为《坚持稳字当头 深化改革开放 以常态化整改加快推动资本市场高质量发展》的报告。李超、方星海、樊大志、王建军同志参加。

36. 8月12日　中国证监会、香港证监会发布《联合公告》，批准上交所、深交所、港交所、中国结算和香港结算开展沪深港通交易日历优化调整，完善内地与香港股票市场交易互联互通机制。

37. 8月26日　证监会会同财政部通过视频方式与美国公众公司会计监督委员会（PCAOB）签署审计监管合作协议。

38. 8月31日　首批沪深保障性租赁住房公开募集基础设施证券投资基金（REITs）上市仪式在北京、上海、深圳三地同步举行。证监会副主席李超在上海出席上市仪式并致辞。

39. 9月2日　在习近平总书记宣布设立北京证券交易所一周年之际，北交所启动国债发行业务。证监会副主席李超，财政部副部长许宏才，北京市市委常委、副市长靳伟出席仪式并致辞。

40. 9月7日　深交所与日本交易所集团通过视频方式共同举办第三届中日资本市场论坛，发布多项合作成果，双方就加强中日资本市场务实合作、发挥资本市场应对老龄化作用等议题进行深入交流。证监会副主席方星海出席论坛并致辞。

41. 9月9日　证监会发布《关于合格境外机构投资者和人民币合格境外机构投资者境内证券交易登记结算业务的规定》（证监会公告〔2022〕44号）。

42. 9月9日　上交所党委、深交所党委分别向社会公布《中共上海证券交易所委员会关于十九届中央第八轮巡视整改进展情况的通报》《中共深圳证券交易所委员会关于十九届中央第八轮巡视整改进展情况的通报》。

43. 9月10日　证监会党委向社会公布《中共中国证监会委员会关于十九届中央第八轮巡视整改进展情况的通报》。

44. 9月16日　最高检、证监会签署《关于建立健全资本市场行政执法与检察履职衔接协作机制的意见》。最高检党组书记、检察长张军，证监会党委书记、主席易会满出席签署仪式并讲话。易会满同志主持签署仪式，与最高检党组副书记、副检察长应勇签署协作意见。方星海、王建军同志参加。

45. 9月19日　上交所上市中证500ETF期权。

46. 9月19日　深交所上市创业板ETF期权、中证500ETF期权。

47. 10月24日　经证监会批准，上交所、深交所分别扩大融资融券标的股票范围。上交所将主板标的股票数量由现有的800只扩大到1 000只，深交所将注册制股票以外的标的股票数量由现有的800只扩大到1 200只。

48. 10月28日　证监会发布《中国证监会关于12386服务平台优化运行有关事项的公告》（证监会公告〔2022〕45号）。

49. 10月31日　经证监会批准，首批科创板做市商正式开展科创板股票做市交易业务，这是境内主要股票市场首次引入做市商机制。

50. 11月4日　证监会发布《个人养老金投资公开募集证券投资基金业务管理暂行规定》（证监会公告〔2022〕46号）。

51. 11月21日　易会满同志出席"2022金融街论坛年会"开幕式暨全体大会并发表主题演讲，就学习贯彻党的二十大精神，加快建设中国特色现代资本市场作深入阐述。

52. 12月8日　上交所联合中国REITs论坛、长三角基础设施REITs产业联盟共同主办首届"长三角REITs论坛暨中国REITs论坛2022年会"。论坛以"加快基础设施REITs盘活存量步伐"为主题，共同探讨中国REITs市场发展。证监会副主席李超、上海市常务副市长吴清、国家发改委原副主任张勇、中国建设银行董事长田国立、上交所理事长邱勇出席并致辞。

53. 12月22日　广期所首个品种工业硅挂牌交易，是我国首个新能源金属期货品种。证监会副主席方星海视频出席工业硅期货和期权上市活动并致辞，广东省副省长张新和广州市长郭永航现场出席并致辞。

54. 12月26日　大商所黄大豆1号、黄大豆2号、豆粕、豆油期货和期权正式引入境外交易者参与交易，这是境内期货交易所首次在全品种链条同步引入境外交易者。方星海同志通过视频连线致辞。

55. 12月30日　证监会发布《关于修改〈科创属性评价指引（试行）〉的决定》（证监会公告〔2022〕48号）。

附录2 2022年颁布的部门规章和规范性文件

中国证监会颁布的部门规章

1. 《证券期货行政执法当事人承诺制度实施规定》（2022年1月1日 证监会令第194号）

2. 《证券基金经营机构董事、监事、高级管理人员及从业人员监督管理办法》（2022年2月18日 证监会令第195号）

3. 《关于修改〈首次公开发行股票并上市管理办法〉的决定》（2022年4月8日 证监会令第196号）

4. 《证券登记结算管理办法》（2022年5月20日 证监会令第197号）

5. 《公开募集证券投资基金管理人监督管理办法》（2022年5月20日 证监会令第198号）

6. 《关于修改〈中国证监会派出机构监管职责规定〉的决定》（2022年5月31日 证监会令第199号）

7. 《关于修改〈内地与香港股票市场交易互联互通机制若干规定〉的决定》（2022年6月24日 证监会令第200号）

8. 《关于修改、废止部分证券期货规章的决定》（2022年8月12日 证监会令第202号）

中国证监会颁布的规范性文件

1. 《证券期货行政执法当事人承诺金管理办法》（2022年1月1日 证监会公告〔2022〕1号）

2. 《上市公司章程指引（2022年修订）》（2022年1月5日 证监会公告〔2022〕2号）

3. 《上市公司监管指引第3号——上市公司现金分红（2022年修订）》（2022年1月5日 证监会公告〔2022〕3号）

4. 《上市公司股份回购规则》（2022年1月5日 证监会公告〔2022〕4号）

5. 《上市公司分拆规则（试行）》（2022年1月5日 证监会公告〔2022〕5号）

6. 《〈上市公司重大资产重组管理办法〉第十四条、第四十四条的适用意见——证券期货法律适用意见第12号（2022年修订）》（2022年1月5日 证监会公告〔2022〕6号）

7. 《上市公司股票停复牌规则》（2022年1月5日 证监会公告〔2022〕7号）

8. 《公开发行证券的公司信息披露内容与格式准则第5号——公司股份变动报告的内容与格式（2022年修订）》（2022年1月5日 证监会公告〔2022〕8号）

9. 《公开发行证券的公司信息披露内容与格式准则第17号——要约收购报告书（2022年修订）》（2022年1月5日 证监会公告〔2022〕9号）

10. 《公开发行证券的公司信息披露内容与格式准则第26号——上市公司重大资产重组（2022年修订）》（2022年1月5日 证监会公告〔2022〕10号）

11. 《公开发行证券的公司信息披露编报规则第4号——保险公司信息披露特别规定（2022年修订）》（2022年1月5日 证监会公告〔2022〕11号）

12. 《公开发行证券的公司信息披露编报规则第26号——商业银行信息披露特别规定（2022年修订）》（2022年1月5日 证监会公告〔2022〕12号）

13. 《上市公司股东大会规则（2022年修订）》（2022年1月5日 证监会公告〔2022〕13号）

14. 《上市公司独立董事规则》（2022年1月5日 证监会公告〔2022〕14号）

15. 《上市公司监管指引第2号——上市公司募集资金管理和使用的监管要求（2022年修订）》（2022年1月5日 证监会公告〔2022〕15号）

16. 《上市公司监管指引第4号——上市公司及其相关

方承诺》(2022年1月5日 证监会公告〔2022〕16号)

17. 《上市公司监管指引第5号——上市公司内幕信息知情人登记管理制度》(2022年1月5日 证监会公告〔2022〕17号)

18. 《〈上市公司重大资产重组管理办法〉第三条有关标的资产存在资金占用问题的适用意见——证券期货法律适用意见第10号》(2022年1月5日 证监会公告〔2022〕18号)

19. 《上市公司董事、监事和高级管理人员所持本公司股份及其变动管理规则(2022年修订)》(2022年1月5日 证监会公告〔2022〕19号)

20. 《〈上市公司收购管理办法〉第六十二条有关上市公司严重财务困难的适用意见——证券期货法律适用意见第7号(2022年修订)》(2022年1月5日 证监会公告〔2022〕20号)

21. 《上市公司现场检查规则》(2022年1月5日 证监会公告〔2022〕21号)

22. 《上市公司监管指引第6号——上市公司董事长谈话制度实施办法》(2022年1月5日 证监会公告〔2022〕22号)

23. 《上市公司监管指引第7号——上市公司重大资产重组相关股票异常交易监管》(2022年1月5日 证监会公告〔2022〕23号)

24. 《关于废止4部证券期货制度文件的决定》(2022年1月5日 证监会公告〔2022〕24号)

25. 《中国证监会关于北京证券交易所上市公司转板的指导意见》(2022年1月7日 证监会公告〔2022〕25号)

26. 《上市公司监管指引第8号——上市公司资金往来、对外担保的监管要求》(2022年1月28日 证监会公告〔2022〕26号)

27. 《境内外证券交易所互联互通存托凭证业务监管规定》(2022年2月11日 证监会公告〔2022〕28号)

28. 《上市公司投资者关系管理工作指引》(2022年4月11日 证监会公告〔2022〕29号)

29. 《关于完善上市公司退市后监管工作的指导意见》(2022年4月29日 证监会公告〔2022〕31号)

30. 《证券公司科创板股票做市交易业务试点规定》(2022年5月12日 证监会公告〔2022〕32号)

31. 《关于实施〈公开募集证券投资基金管理人监督管理办法〉有关问题的规定》(2022年5月20日 证监会公告〔2022〕33号)

32. 《证券发行上市保荐业务工作底稿指引》(2022年5月27日 证监会公告〔2022〕35号)

33. 《保荐人尽职调查工作准则》(2022年5月27日 证监会公告〔2022〕36号)

34. 《关于加强注册制下中介机构廉洁从业监管的意见》(2022年5月31日 证监会公告〔2022〕37号)

35. 《关于交易型开放式基金纳入互联互通相关安排的公告》(2022年6月24日 证监会公告〔2022〕39号)

36. 《关于证券违法行为人财产优先用于承担民事赔偿责任有关事项的规定》(2022年7月27日 证监会公告〔2022〕40号)

37. 《公开发行证券的公司信息披露编报规则第25号——从事药品及医疗器械业务的公司招股说明书内容与格式指引》(2022年7月29日 证监会公告〔2022〕41号)

38. 《关于废止部分证券期货规范性文件的决定》(2022年8月12日 证监会公告〔2022〕42号)

39. 《关于修改、废止部分证券期货规范性文件的决定》(2022年8月12日 证监会公告〔2022〕43号)

40. 《关于合格境外机构投资者和人民币合格境外机构投资者境内证券交易登记结算业务的规定》(2022年9月9日 证监会公告〔2022〕44号)

41. 《中国证监会关于12386服务平台优化运行有关事项的公告》(2022年10月28日 证监会公告〔2022〕45号)

42. 《个人养老金投资公开募集证券投资基金业务管理暂行规定》(2022年11月4日 证监会公告〔2022〕46号)

43. 《关于修改〈科创属性评价指引(试行)〉的决定》(2022年12月30日 证监会公告〔2022〕48号)

附录3　系统单位简介及联系方式

上海证券交易所

上海证券交易所（简称上交所）成立于1990年11月26日，是实施自律管理的法人，由中国证监会直接管理。

上交所主要职能包括：提供证券集中交易的场所、设施和服务；制定和修改本所的业务规则；按照国务院及中国证监会规定，审核证券公开发行上市申请；审核、安排证券上市交易，决定证券终止上市和重新上市等；提供非公开发行证券转让服务；组织和监督证券交易；组织实施交易品种和交易方式创新；对会员进行监管；对证券上市交易公司及相关信息披露义务人进行监管，提供网站供信息披露义务人发布依法披露的信息；对证券服务机构为证券发行上市、交易等提供服务的行为进行监管；设立或者参与设立证券登记结算机构；管理和公布市场信息；开展投资者教育和保护；法律、行政法规规定及中国证监会许可、授权或委托的其他职能。

上交所市场交易的证券品种主要包括股票、衍生品、债券、基金4大类。截至2022年末，沪市上市公司达到2 174家，股票总市值46.38万亿元，成交金额96.26万亿元，筹资总额8 477亿元。股票期权累计挂牌交易合约数为1 348个，成交量10.75亿张，成交金额6 475亿元。债券现货挂牌数26 844只，托管量15.94万亿元，成交金额21.83万亿元；债券回购成交金额358.44万亿元。基金挂牌数614只，总市值13 112亿元，成交金额18.78万亿元。

联系电话：021-68808888
传　　真：021-68807813
电子邮件：webmaster@secure.sse.com.cn
网　　址：www.sse.com.cn
地　　址：上海市浦东新区杨高南路388号（200127）

深圳证券交易所

深圳证券交易所（简称深交所）于1990年12月1日开始营业，是实行自律管理的法人，归属中国证监会直接管理。

深交所的主要职能包括：提供证券集中交易的场所、设施和服务；制定和修改证券交易所的业务规则；审核、安排证券上市交易，决定证券终止上市和重新上市等；提供非公开发行证券转让服务；组织和监督证券交易；组织实施交易品种和交易方式创新；对会员进行监管；对证券上市交易公司及相关信息披露义务人进行监管；对证券服务机构为证券上市、交易等提供服务的行为进行监管；设立或者参与设立证券登记结算机构；管理和公布市场信息；开展投资者教育和保护；法律、行政法规规定的以及中国证监会许可、授权或者委托的其他职能。

截至2022年末，深交所共有上市公司2 743家，上市股票2 778只。股票市价总值32.42万亿元，流通市值26.52万亿元，筹资总额6 038.83亿元，累计成交金额128.25万亿元。挂牌上市固收产品11 489只，托管规模2.95万亿元，累计成交金额61.40万亿元。基金挂牌总数594只，资产规模4 165.20亿元，累计成交金额4.39万亿元。

联系电话：0755-88668888
传　　真：0755-82083947
电子邮件：cis@szse.cn
网　　址：www.szse.cn
地　　址：广东省深圳市福田区深南大道2012号（518038）

上海期货交易所

上海期货交易所（简称上期所）成立于1999年，是经国务院同意、中国证监会批准，实行自律管理的法人，由中国证监会直接管理。

上期所主要职能包括：为期货交易及相关的其他业务提供场所、设施和服务，制定并实施业务规则和风险管理制度，设计并安排合约上市，以及中国证监会许可的其他职能。

截至2022年末，上期所上市交易的有铜、国际铜、铝、锌、铅、镍、锡、黄金、白银、螺纹钢、线材、热轧卷板、不锈钢、原油、燃料油、低硫燃料油、石油沥青、天然橡胶、20号胶、纸浆20个期货品种；铜、铝、锌、黄金、天然橡胶、原油、螺纹钢、白银8个期权品种。上期所共有会员202家，投资者开户数约204.56万户，指定交割仓库114家，指定保证金存管银行13家。2022年，上期所（含子公司上海国际能源交易中心）总成交金额181.30万亿元，总成交量19.43亿手（单边计算），同比分别下降15.51%和20.54%。

联系电话：021-68400000
传　　真：021-68401198
电子邮件：msc@shfe.com.cn
网　　址：www.shfe.com.cn
地　　址：中国（上海）自由贸易试验区浦电路500号（200122）

郑州商品交易所

郑州商品交易所（简称郑商所）成立于1990年10月，是国务院批准成立的首家期货市场试点单位，是实行自律管理的法人，由中国证监会直接管理。

郑商所主要职能包括：提供期货交易场所，期货合约设计与上市服务，期货交易结算与交割服务，期货交易监督，期货交易风险管理，期货交易信息服务等。

截至2022年末，郑商所上市普通小麦、优质强筋小麦、早籼稻、晚籼稻、粳稻、棉花、棉纱、油菜籽、菜籽油、菜籽粕、白糖、苹果、红枣、动力煤、甲醇、精对苯二甲酸（PTA）、玻璃、硅铁、锰硅、尿素、纯碱、短纤、花生23个期货品种和白糖、棉花、PTA、甲醇、菜籽粕、动力煤、菜籽油、花生8个期权；共有场内会员164家，投资者开户数约255.9万户；指定交割仓（厂）库350家；指定保证金存管银行15家。2022年，累计成交量24亿手、累计成交金额96.9万亿元，同比分别减少7.1%、10.3%；日均持仓量1 139.6万手，同比增长21.3%。

联系电话：0371-65610069
传　　真：0371-65613068
电子邮件：czce@czce.com.cn
网　　址：www.czce.com.cn
地　　址：河南省郑州市郑东新区商务外环路30号（450018）

大连商品交易所

大连商品交易所（简称大商所）成立于1993年，是经国务院同意、中国证监会批准，实行自律管理的法人，接受中国证监会的监督管理。

大商所主要职能包括：提供期货、期权交易场所、设施和服务；设计合约、安排合约上市；组织并监督交易、结算和交割；制定并实施风险管理制度，控制市场风险；组织开展市场宣传和投资者教育服务；查处违规行为；中国证监会规定的其他职责。

截至2022年末，大商所已上市黄大豆1号、豆粕、黄大豆2号、玉米、豆油、线型低密度聚乙烯、聚氯乙烯、棕榈油、焦炭、焦煤、铁矿石、鸡蛋、纤维板、胶合板、聚丙烯、玉米淀粉、乙二醇、粳米、苯乙烯、液化石油气、生猪21个期货品种，以及豆粕、玉米、铁矿石、聚丙烯、聚氯乙烯、线型低密度聚乙烯、液化石油气、棕榈油、黄大豆1号、黄大豆2号、豆油11个期权品种，其中黄大豆1号、黄大豆2号、豆油、豆粕、棕榈油期货及期权品种、铁矿石期货品种已引入境外交易者参与交易；场外平台提供标准仓单、非标仓单、基差交易等交易业务。大商所现有场内会员161家，投资者约204.28万户，指定交割仓库530家，指定保证金存管银行16家。2022年，大商所总成交量22.75亿手，成交金额123.73万亿元，日均持仓量1 217.25万手。

联系电话：4008618888
传　　真：0411-84808588
电子邮件：info@dce.com.cn
网　　址：www.dce.com.cn
地　　址：辽宁省大连市沙河口区会展路129号（116023）

中国金融期货交易所

中国金融期货交易所（简称中金所）成立于2006年9月8日，是经国务院同意、中国证监会批准的国内第一家公司制交易所，也是国内唯一专门从事金融期货期权等衍生品市场建设的交易所，由中国证监会直接管理。

中金所主要职能包括：组织安排金融期货等金融衍生品上市交易、结算和交割；制订业务管理规则；实施自律管理；发布市场交易信息；提供技术、场所、设施服务；中国证监会许可的其他职能。

截至2022年末，中金所共上市沪深300、上证50、中证500、中证1000股指期货4个股指期货产品，2年期、5年期、10年期国债期货3个国债期货产品和3个股指期权产品，即沪深300、中证1000、上证50股指期权。2022年，股指期货成交7 449.37万手，成交金额86.36万亿元。其中，沪深300股指期货成交2 674.94万手，成交金额33.14万亿元；上证50股指期货成交1 540.77万手，成交金额12.89万亿元；中证500股指期货成交2 622.11万手，成交金额32.29万亿元；中证1000股指期货成交611.55万手，成交金额8.04万亿元。国债期货成交3 881.65万手，成交金额46.42万亿元。其中，2年期国债期货成交716.15万手，成交金额14.48万亿元；5年期国债期货成交1 166.56万手，成交金额11.84万亿元；10年期国债期货成交1 998.94万手，成交金额20.10万亿元。股指期权成交3 855.16万手，成交金额2 643.31亿元。其中，沪深300股指期权成交3 155.35万手，成交金额2 055.06亿元；上证50股指期权成交20.06万手，成交金额7.91亿元；中证1000股指期权成交679.75万手，成交金额580.34亿元。

联系电话：021-50160666
传　　真：021-50160606
电子邮件：zixun@cffex.com.cn
网　　址：www.cffex.com.cn
地　　址：上海市浦东新区杨高南路288号（200122）

广州期货交易所

广州期货交易所（简称广期所）成立于2021年4月19日，是经国务院同意、中国证监会批准的公司制交易所，由中国证监会直接管理。设立广州期货交易所是贯彻落实《粤港澳大湾区发展规划纲要》的重要举措，广州期货交易所坚持创新型、市场化、国际化发展方向，积极服务于绿色发展、粤港澳大湾区建设和"一带一路"倡议。

广期所主要职能包括：为期货交易及相关的其他业务提供场所、设施和服务，制定并实施业务规则和风险管理制度，设计并安排合约上市，以及证监会许可的其他职能。

2022年12月22日，广期所首个品种工业硅期货成功上市，12月23日，工业硅期权上市。截至2022年末，工业硅期货成交17.78万手，成交金额157.60亿元；工业硅期权成交1.58万手，成交金额0.80亿元。

联系电话：020-28183800
传　　真：020-28183952
电子邮件：public@gfex.com.cn
注册地址：广州市南沙区黄阁镇金茂中二街1号907房
办公地址：广州市天河区临江大道1号寺右万科中心南塔14楼

中国证券登记结算有限责任公司

中国证券登记结算有限责任公司（简称中国结算）按照《证券法》关于证券登记结算集中统一运营的要求，经国务院同意、中国证监会批准，于2001年3月30日组建成立。公司为不以营利为目的的法人，是我国具有系统重要性的金融市场基础设施之一，由中国证监会直接管理。

中国结算主要职能包括：按照《证券法》和《证券登记结算管理办法》等规定，中国结算依法履行证券账户的设立和管理、证券集中登记、存管等职能，并为证券交易提供多边净额和全额等多种结算服务。目前，公司服务范围涵盖上海、深圳、北京证券交易所与全国股转系统全部上市（挂牌）证券、股票期权、沪港通、深港通、内地与香港基金互认、开放式基金、资管产品、转融通、国债期货实物交割、债券跨市场转托管等广泛领域。

截至2022年末，中国结算管理的一码通证券账户投资者达21 213.62万人。登记存管的上海、深圳市场证券32 725只，其中上市股票4 992只；北京证券交易所证券162只，全国股转系统挂牌股票7 123只。2022年1—12月，中国结算沪深市场结算总额2 151.11万亿元，日均结算总额8.89万亿元，日均结算净额2 410.70亿元，日均过户笔数19 082.96万笔，日均过户金额8.15万亿元。

联系电话：010-66210988
传　　真：010-66210938
电子邮箱：zbshi@chinaclear.com.cn
网　　址：www.chinaclear.cn
地　　址：北京市西城区太平桥大街17号（100033）

中国证券投资者保护基金有限责任公司

中国证券投资者保护基金有限责任公司（简称投保基金公司）成立于2005年8月30日，是由国务院出资成立，归口中国证监会管理的国有独资企业。

投保基金公司主要职责包括：筹集、管理和运作证券投资者保护基金；监控证券市场交易结算资金安全，开展证券市场客户资金数据日常统计与分析；监测证券公司风险，参与证券公司风险处置；按照国家有关政策规定对被处置证券公司的债权人予以偿付；向证券公司提供流动性支持；建设、管理、运行和维护中国证监会12386服务平台；开展投资者保护状况评价与证券市场调查；参与特别代表人诉讼；管理证券期货行政执法当事人承诺金；负责办理举报奖励登记；完成中国证监会交办的其他业务。

截至2022年末，证券市场交易结算资金监控系统对全市场经纪业务客户的3.84亿个资金账户、18 623.88亿元交易结算资金实现全面动态监测；证券公司风险监测系统实现对全行业140家证券公司重要风险线索的监测预警；12386服务平台累计办理投资者诉求85.12万件；开展证券市场月度调查、专题调查、市场信息采集快速调查等三大类调查300余期，覆盖各类调查对象135万余人次；编制发布《中国资本市场投资者保护状况蓝皮书》，覆盖了A股上市公司、证券公司以及公募基金管理人等6大主体。

联系电话：010-66580678
传　　真：010-66580616
网　　址：www.sipf.com.cn
地　　址：北京市西城区金融大街5号新盛大厦B座22层（100033）

中国证券金融股份有限公司

中国证券金融股份有限公司（简称中证金融）成立于2011年10月28日，是经国务院同意，中国证监会批准设立的全国性证券类金融机构，是中国境内从事转融通业务的金融机构，由中国证监会直接管理。

中证金融主要职能包括：为证券公司融资融券业务提供资金和证券的转融通服务；对证券公司融资融券业务运行情况进行监控；监测分析全市场融资融券交易情况，运用市场化手段防控风险；对证券公司参与股票质押式回购交易实施信息统计和风险监测；开展证券投资基金托管业务；运用市场化手段促进资本市场平稳发展；开展民营企业债券信用保护业务；经中国证监会批准同意的其他业务。

截至2022年末，中证金融全年为证券公司融资融券业务提供资金和证券累计达到23 715亿元。转融通余额2 228.38亿元，其中转融资余额971.42亿元，转融券余额1 256.96亿元。开展融资融券业务的证券公司共95家，投资者数量647.76万名，沪深市场标的证券3 316只，融资融券余额15 404.09亿元。

联系电话：010-63211666
传　　真：010-63211601
电子邮件：csf1@csf.com.cn
网　　址：www.csf.com.cn
地　　址：北京市西城区丰盛胡同28号太平洋保险大厦B座15层（100032）

中国期货市场监控中心有限责任公司

中国期货市场监控中心有限责任公司（以下简称中国期货监控）是经国务院同意，中国证监会决定设立，于2006年3月成立的非营利性公司制法人，由中国证监会直接管理。

中国期货监控主要职能包括：期货市场统一开户；期货保证金安全监控；为期货投资者提供交易结算信息查询；期货市场运行监测监控；宏观和产业分析研究；期货中介机构监测监控；建设运营期货及衍生品交易报告库；代管期货投资者保障基金；为监管机构和期货交易所等提供信息服务；期货市场调查；协助风险公司处置。

截至2022年末，中国期货市场共上市交易72个期货品种，31个期货期权品种（不包含沪深交易所的7个ETF期权）。2022年成交量67.68亿手，成交金额534.94万亿元。

联系电话：010-66555088
传　　真：010-66555038
电子邮件：cfmmc@cfmmc.com
网　　址：www.cfmmc.com，www.cfmmc.cn
地　　址：北京市西城区金融大街5号新盛大厦B座
　　　　　17层（100033）

中证数据有限责任公司

中证数据有限责任公司（简称中证数据）成立于2012年9月12日，是由中国证监会直接管理的专业机构，定位为数据管理中心和业务分析中心。

中证数据主要职能包括：承担证券期货业监管大数据中心的建设、运行和维护，负责数据采集、加工、汇总、存储、管理和治理；协助统筹中国证监会监管大数据分析需求，包括统计查询、风险监测、数据挖掘及其他监管应用；根据大数据分析需求，提出大数据监管应用系统和分析软件需求，按相关规定提交开发机构开发，并参与上线测试，负责验收；按照相关规定提供数据及分析等服务；完成中国证监会交办的其他工作。

联系电话：010-63889092
传　　真：010-63889062
电子邮件：csdata@csdata.cn
网　　址：www.csdata.cn
地　　址：北京市西城区金融大街26号4层南区
　　　　　（100032）

全国中小企业股份转让系统有限责任公司

全国中小企业股份转让系统（简称全国股转系统，或称新三板）是经国务院批准，依据《证券法》设立的第三家全国性证券交易场所。全国中小企业股份转让系统有限责任公司（简称全国股转公司）为其运营机构，于2013年1月16日正式揭牌运营，由中国证监会直接管理。北京证券交易所（简称北交所）于2021年9月3日注册成立，2021年11月15日揭牌开市，为全国股转公司全资子公司。

全国股转公司主要职能包括：建立、维护和完善股票交易相关技术系统和设施；制定和修改全国股转系统业务规则；接受并审查股票挂牌及其他相关业务申请，安排符合条件的公司股票挂牌；组织、监督股票交易及相关活动；对主办券商等全国股转系统参与人进行监管；对挂牌公司及其他信息披露义务人进行监管；管理和公布全国股转系统相关信息；中国证监会批准的其他职能。

截至2022年末，全国股转系统存量挂牌公司6 580家，其中创新层1 658家，基础层4 922家，总市值21 181.44亿元，市盈率17.20倍。2022年，全国股转系统累计成交金额798.58亿元；挂牌公司完成普通股发行697次，融资金额232.28亿元，披露并购重组报告书155次，交易金额合计71.35亿元。北京证券交易所上市公司162家，总市值2 110.29亿元，平均市盈率18.87倍，2022年累计成交金额1 980.13亿元，累计公开发行163.84亿元。

联系电话：010-63884909
传　　真：010-63889634
电子邮件：info@neeq.com.cn
网　　址：www.neeq.com.cn
地　　址：北京市西城区金融大街丁26号全国股转公司（100033）

中国证券业协会

中国证券业协会（简称证券业协会）成立于1991年8月28日，是依据《证券法》和《社会团体登记管理条例》有关规定设立的证券业自律性组织，属于非营利性社会团体法人，接受业务主管单位中国证监会和社团登记管理机关国家民政部的业务指导和监督管理。

证券业协会主要职责包括：教育和组织会员及其从业人员遵守证券法律、行政法规，组织开展证券行业诚信建设，督促证券行业履行社会责任；依法维护会员的合法权益，向中国证监会反映会员的建议和要求；督促会员开展投资者教育和保护活动，维护投资者合法权益；制定和实施证券行业自律规则，监督、检查会员及其从业人员行为，对违反法律、行政法规、自律规则或者协会章程的，按照规定给予纪律处分或者实施其他自律管理措施；制定证券行业业务规范，组织从业人员的业务培训；组织会员就证券行业的发展、运作及有关内容进行研究，收集整理、发布证券相关信息，提供会员服务，组织行业交流，引导行业创新发展；对会员之间、会员与客户之间发生的证券业务纠纷进行调解；协会章程规定的其他职责。

截至2022年末，证券业协会共有会员475家，观察员309家。其中，会员包括法定会员（证券公司）140家，普通会员（证券投资咨询公司、资信评级机构等）255家，特别会员（地方证券业协会等）80家。

联系电话：010-66575800
传　　真：010-66575827
电子邮件：xhbgs@sac.net.cn
网　　址：www.sac.net.cn
地　　址：北京市西城区金融大街19号富凯大厦B座二层（100033）

中国期货业协会

中国期货业协会（简称期货业协会）成立于2000年12月29日，是根据《社会团体登记管理条例》和《期货交易管理条例》成立的全国期货业自律性组织，为非营利性社会团体法人，接受业务主管单位中国证监会和社团登记管理机关国家民政部的业务指导和监督管理。

期货业协会以"自律、服务、传导"为基本宗旨，根据《期货和衍生品法》之规定，期货业协会履行下列职责：（一）制定和实施行业自律规则，监督、检查会员的业务活动及从业人员的执业行为，对违反法律、行政法规、国家有关规定、协会章程和自律规则的，按照规定给予纪律处分或者实施其他自律管理措施；（二）对会员之间、会员与交易者之间发生的纠纷进行调解；（三）依法维护会员的合法权益，向国务院期货监督管理机构反映会员的建议和要求；（四）组织期货从业人员的业务培训，开展会员间的业务交流；（五）教育会员和期货从业人员遵守期货法律法规和政策，组织开展行业诚信建设，建立行业诚信激励约束机制；（六）开展交易者教育和保护工作，督促会员落实交易者适当性管理制度，开展期货市场宣传；（七）对会员的信息安全工作实行自律管理，督促会员执行国家和行业信息安全相关规定和技术标准；（八）组织会员就期货行业的发展、运作及有关内容进行研究，收集整理、发布期货相关信息，提供会员服务，组织行业交流，引导行业创新发展；（九）期货业协会章程规定的其他职责。

截至2022年末，期货业协会共有会员429家，其中，普通会员348家（期货公司、证券公司、资产管理公司、风险管理公司等），特别会员7家（期货交易所、中国期货市场监控中心、中证商品指数有限责任公司），联系会员74家（地方协会等）。

联系电话：010-88086966
传　　真：010-88087060
电子邮件：cfa@cfachina.org
网　　址：www.cfachina.org
地　　址：北京市西城区金融大街33号通泰大厦C
　　　　　座8层（100140）

中国上市公司协会

中国上市公司协会（简称上市公司协会）于2012年2月15日依据《证券法》和《社会团体登记管理条例》等相关规定成立，是由上市公司及相关机构组成的全国性自律组织，属于会员制、非营利性的社会团体法人。接受业务主管单位中国证监会和社团登记管理机关国家民政部的业务指导和监督管理。

上市公司协会的宗旨是：遵守宪法、法律、法规及党和国家的方针政策，践行社会主义核心价值观，遵守社会道德风尚；遵循资本市场公开、公平、公正原则；恪守"服务、自律、规范、提高"的基本职责，践行服务理念，维护会员合法权益，促进提高上市公司质量，进而促进资本市场体系的完善和成熟；引导上市公司遵守公司、证券法律法规、部门规章和规范性文件，规范运作，自觉履行社会责任；倡导积极健康的股权文化和诚信文化；推动上市公司持续健康发展，增强核心竞争力和国际影响力，成为党领导下紧密联系上市公司及资本市场的新型社会组织。

截至2022年末，上市公司协会共有会员2 785家，其中，普通会员2 731家，联系会员14家，团体会员40家。

联系电话：010-88009676
传　　真：010-88009684
电子邮件：office@capco.org.cn
网　　址：www.capco.org.cn
地　　址：北京市西城区金融大街33号通泰大厦C
　　　　　座3层（100033）

中国证券投资基金业协会

中国证券投资基金业协会（简称基金业协会）成立于2012年6月6日，是依据《中华人民共和国证券投资基金法》和《社会团体登记管理条例》成立的证券投资基金行业的自律性组织，接受业务主管单位中国证监会和社团登记管理机关国家民政部的业务指导和监督管理。

基金业协会主要职能包括：教育和组织会员遵守有关证券投资的法律、行政法规，维护投资人合法权益；依法维护会员的合法权益，反映会员的建议和要求；制定和实施行业自律规则，监督、检查会员及其从业人员的执业行为，对违反自律规则和协会章程的，按照规定给予纪律处分；制定行业执业标准和业务规范，组织基金从业人员的从业考试、资质管理和业务培训；提供会员服务，组织行业交流，推动行业创新，开展行业宣传和投资人教育活动；对会员之间、会员与客户之间发生的基金业务纠纷进行调解；依法办理非公开募集基金的登记、备案；履行协会章程规定的其他职责。

截至2022年末，基金业协会共有会员5 048家，其中普通会员743家，联席会员312家，观察会员3 856家，特别会员137家。基金业协会自律管理范围下的行业资产规模约66.73万亿元[1]，其中：公募基金26.03万亿元；私募基金20.28万亿元；持牌机构私募资管计划14.30万亿元，其中证券公司私募资管计划规模6.87万亿元[2]，基金公司及其子公司私募资管计划规模7.12万亿元，期货公司私募资管计划规模0.31万亿元[3]；养老金4.27万亿元；资产支持专项计划1.95万亿元。

联系电话：010-66578250
传　　真：010-66578256
电子邮件：amac@amac.org.cn
网　　址：www.amac.org.cn
地　　址：北京市西城区金融街20号交通银行大厦B座9层（100033）

---

[1] 合计数中，从私募基金中剔除了顾问管理类与持牌机构资管计划重复的部分。
[2] 含证券公司资管子公司私募资管计划及私募子公司私募基金规模。
[3] 含期货公司资管子公司私募资管计划。

中证信息技术服务有限责任公司

中证信息技术服务有限责任公司（简称中证技术）成立于2013年11月8日，是中国证监会直接管理的信息技术服务机构，定位为系统开发中心。2019年12月，中证技术获批成为中关村高新技术企业、国家级金融科技示范区重点企业。2021年10月，中证技术获认证机构资质，成为证券期货行业唯一认证机构。

中证技术的主要职责包括：承担证联网、监管云平台等信息基础设施的建设、运行和维护；协助统筹中国证监会监管业务系统需求，承担技术开发、建设并协助运维；协助统筹中国证监会大数据平台需求，承担应用系统、分析软件的技术开发、建设并协助运维；承担证券期货业标准与编码、信息安全、认证等服务工作；承办中国证监会交办的其他工作。

截至2022年末，中证技术承建的证联网已接入监管机构、派出机构、核心机构、经营机构528家，已上线业务150项。作为全国金融标准化技术委员会证券分技术委员会秘书处承办单位，2022年推进发布证券期货领域行业标准11项，分配ISIN编码38 295个、证券投资基金编码3 109个、证券投资基金参与方编码15个。

联系电话：010-83141900
传　　真：010-83141991
电子邮箱：zbs@cstech.org.cn
地　　址：北京市西城区金融大街4号金益大厦（100033）

中证中小投资者服务中心有限责任公司

中证中小投资者服务中心有限责任公司（简称投服中心）成立于2014年12月，是由中国证监会直接管理的证券金融类公益机构。

投服中心主要职责包括：面向投资者开展公益性宣传和教育；公益性持有证券等品种，以股东身份或证券持有人身份行权；受投资者委托，提供调解等纠纷解决服务；为投资者提供公益性诉讼支持及其相关工作；中国投资者网站的建设、管理和运行维护；调查、监测投资者意愿和诉求，开展战略研究与规划；代表投资者，向政府机构、监管部门反映诉求；中国证监会委托的其他业务。

截至2022年末，投服中心持有沪深京交易所5 045家上市公司股票（含科创板公司），累计行使股东权利4 405次。累计提起49起支持诉讼，向侵权责任主体索赔金额约1.28亿元，积极推动第二单证券集体诉讼。成功举办第五届"股东来了"竞赛，首次增加"你好，注册制！"短视频比赛环节，品牌效应持续扩大。安全运维中国投资者网站，浏览量、用户数持续增长。子公司中证资本市场法律服务中心累计受理各类证券期货纠纷16 680件，调解成功11 829件，纠纷和解获赔金额30.45亿元，累计测算投资者损失67.93亿元。

联系电话：021-51916800
传　　真：021-51916889
电子邮件：tfzx@isc.com.cn
地　　址：上海市浦东新区杨高南路288号13-15层
　　　　　（中国金融期货交易所新大楼）（200122）

中证商品指数有限责任公司

中证商品指数有限责任公司（简称商品指数公司）成立于2020年12月16日，是由中国证监会直接管理的证券期货类金融机构。

商品指数公司主要职能包括：负责设计、编制及维护包括单交易所、跨交易所期货指数等相关产品；设计、编制及维护现货指数及产品；开展指数产品定制服务；为宏观经济决策、监管政策的制定提供指数产品及研究支持；开展指数相关产品授权业务；经营数据信息业务；开展指数业务相关技术服务；开展国际合作与交流；中国证监会批准的其他业务。

2022年，商品指数公司建成指数技术系统和数据系统，完成30条指数研发，并发布首个指数系列——中证商品期货指数系列，包括价格指数和超额收益指数两条指数。

联系电话：0312-5306301，010-83936200
传　　真：0312-5306319，010-83936264
电子邮件：info@ccidx.com
网　　址：www.ccidx.com
地　　址：中国（河北）自由贸易试验区雄安片区雄安
　　　　　市民服务中心企业办公区 E栋2层（071700）

中证金融研究院

中证金融研究院（简称研究院）前身为北京证券期货研究院，成立于2012年6月，是由中国证监会直接管理的政策研究机构。研究院定位为决策支持中心、战略智库和理论学术基地，负责资本市场长期性、前瞻性、全局性和规律性问题的研究。研究院主要职能包括：研究宏观经济和金融市场运行动态；研究拟订资本市场中长期战略规划；对资本市场法规、政策提供意见和建议；对资本市场运行质量、效率和潜在风险进行评估；对资本市场运行、发展与监管中的理论和实践问题进行专项研究；对中国证监会各部门、各单位工作中的重大事项和重要工作提供专题咨询等；协调证券期货监管系统内的研究工作；承担中国证监会博士后工作站日常管理；中国证监会交办的其他工作。

联系电话：010-85578300

传　　真：010-56088544、56088548

邮　　箱：contact@cifcm.com

网　　址：www.cifcm.cn

地　　址：北京市西城区金融大街26号金阳大厦8层
　　　　　（100033）

资本市场学院

资本市场学院（以下简称学院）成立于2012年12月3日，是由中国证监会和深圳市政府联合举办的资本市场专业性教育培训机构。

学院主要职能包括：资本市场专业培训和职业教育；资本市场应用型研究；资本市场监管系统培训支持服务；境内外培训交流合作；其他与资本市场培训相关的业务。

2022年，学院紧密结合资本市场全面深化改革中心工作，面向资本市场从业人员、地方金融监管干部、党政机关领导干部等各类群体，围绕全面注册制改革、上市公司质量提升、资本市场风险防范、投资者权益保护等多项重点任务，持续开展课程研发、人才培养、应用研究、交流合作，全年共开展各类培训活动125期，其中线下培训83期，线上培训42期；利用校园设施，对外承接培训、会议105场。短期培训系列化、中长期培训品牌化、资质性培训规范化、远程教育多样化的教培主业格局进一步形成。

联系电话：0755-26650859

传　　真：0755-26650835

电子邮件：ccmi@ccmi.edu.cn

网　　址：www.ccmi.edu.cn

地　　址：广东省深圳市南山区沁园二路2号
　　　　　（518055）

附表

附表1 中国证券期货市场主要统计数据（2013—2022年）

附表2 证券公司一览表

附表3 基金管理公司一览表

附表4 期货公司一览表

附表5 合格境外投资者一览表

附表6 合格境外投资者托管行一览表

附表7 境外证券类机构驻华代表处一览表

附表8 境外交易所驻华代表处一览表

附表9 双边监管合作谅解备忘录一览表

附表1

中国证券期货市场主要统计数据（2013—2022年）

指标	单位	2013年	2014年	2015年	2016年	2017年	2018年	2019年	2020年	2021年	2022年
境内上市公司数（A、B股）	家	2 489	2 613	2 827	3 052	3 485	3 584	3 777	4 154	4 615	5 079
境内上市外资股（B股）	家	106	104	101	100	100	99	97	93	90	86
股票总发行股本（A、B股）	亿股	33 822.04	36 795.1	43 024.14	48 750.29	53 746.67	57 581.02	61 739.79	65 455.93	70 694.39	73 525.21
流通股本（A、B股）	亿股	29 997.12	32 289.25	37 043.37	41 136.05	45 044.87	49 047.56	52 488.06	56 353.49	60 755.13	64 356.3
股票市价总值（A、B股）	亿元	239 077.19	372 546.96	531 462.7	507 685.88	567 086.08	434 924.02	593 074.53	797 238.16	916 088.18	790 116.2
股票流通市值（A、B股）	亿元	199 579.54	315 624.31	417 880.76	393 401.68	449 298.15	353 794.19	483 327.19	643 605.29	751 556.13	664 576.44
股票成交金额	亿元	468 728.61	742 385.26	2 550 541.31	1 277 680.32	1 124 625.11	901 739.39	1 274 158.91	2 068 252.51	2 579 734.13	2 247 074.87
上证综合指数（收盘）	点	2115.98	3234.68	3539.18	3103.64	3307.17	2493.90	3050.12	3473.07	3639.78	3089.26
深证综合指数（收盘）	点	1057.67	1415.19	2308.91	1969.11	1899.34	1267.87	1722.95	2329.37	2530.14	1975.67
交易所债券现券成交额	亿元	17 411.83	28 191.38	34 464.32	53 294.20	55 441.79	59 286.81	83 530.20	201 785.82	287 094.88	381 136.3
期货总成交量	亿手	20.62	25.06	35.78	41.38	30.71	30.11	39.22	60.27	72.69	63.42
期货总成交额	万亿元	126.47	127.97	136.47	177.41	163.30	210.81	290.40	437.30	580.71	534.3

注：本表中境内上市公司家数、总股本、流通股本、总市值、流通市值、股票成交金额包含上交所、深交所、北交所数据。

附表2　　证券公司一览表

序号	公司名称	外资参股情况		是否在中国香港地区设立分支机构
		境外股东名称	出资比例	
1	爱建证券有限责任公司			否
2	安信证券股份有限公司			是
3	北京高华证券有限责任公司			否
4	渤海证券股份有限公司			否
5	财达证券股份有限公司			否
6	财信证券股份有限公司			否
7	财通证券股份有限公司			是
8	财通证券资产管理有限公司			否
9	长城国瑞证券有限公司			否
10	长城证券股份有限公司			否
11	长江证券（上海）资产管理有限公司			否
12	长江证券承销保荐有限公司			否
13	长江证券股份有限公司			是
14	麦高证券有限责任公司			否
15	川财证券有限责任公司			否
16	大通证券股份有限公司			否
17	大同证券有限责任公司			否
18	德邦证券股份有限公司			否
19	第一创业证券承销保荐有限责任公司			否
20	第一创业证券股份有限公司			否
21	东北证券股份有限公司			否
22	东方证券承销保荐有限公司			否
23	东方证券股份有限公司			是
24	东海证券有限责任公司			是
25	东莞证券股份有限公司			否

续表

序号	公司名称	外资参股情况		是否在中国香港地区设立分支机构
		境外股东名称	出资比例	
26	东吴证券股份有限公司			是
27	东兴证券股份有限公司			是
28	方正证券股份有限公司			是
29	高盛高华证券有限责任公司	高盛集团有限公司	100.00%	否
30	光大证券股份有限公司	中国光大控股有限公司	20.73%	是
31	广发证券股份有限公司			是
32	广发证券资产管理（广东）有限公司			否
33	中信证券华南股份有限公司			否
34	国都证券股份有限公司			是
35	国海证券股份有限公司			否
36	国金证券股份有限公司			是
37	国开证券股份有限公司			否
38	国联证券股份有限公司			是
39	国盛证券有限责任公司			否
40	国泰君安证券股份有限公司			是
41	国信证券股份有限公司			是
42	国元证券股份有限公司			是
43	中天国富证券有限公司			否
44	海通证券股份有限公司			是
45	恒泰长财证券有限责任公司			否
46	恒泰证券股份有限公司			否
47	红塔证券股份有限公司			否
48	宏信证券有限责任公司			否
49	华安证券股份有限公司			是
50	华宝证券股份有限公司			否
51	华创证券有限责任公司			否
52	华福证券有限责任公司			是

续表

序号	公司名称	外资参股情况		是否在中国香港地区设立分支机构
		境外股东名称	出资比例	
53	华金证券股份有限公司			否
54	华林证券股份有限公司			否
55	华龙证券股份有限公司			否
56	国新证券股份有限公司			否
57	华泰联合证券有限责任公司			否
58	华泰证券（上海）资产管理有限公司			否
59	华泰证券股份有限公司			是
60	华西证券股份有限公司			否
61	华鑫证券有限责任公司			否
62	华英证券有限责任公司			否
63	江海证券有限公司			否
64	金通证券有限责任公司			否
65	金元证券股份有限公司			否
66	九州证券股份有限公司			否
67	开源证券股份有限公司			否
68	粤开证券股份有限公司			否
69	民生证券股份有限公司			否
70	摩根士丹利证券（中国）有限公司	摩根士丹利	94.06%	否
71	南京证券股份有限公司			否
72	平安证券股份有限公司			是
73	中泰证券（上海）资产管理有限公司			否
74	中泰证券股份有限公司			是
75	国融证券股份有限公司			否
76	瑞信证券（中国）有限公司	瑞士信贷银行股份有限公司	51%	否
77	瑞银证券有限责任公司	瑞士银行有限公司	67%	否
78	山西证券股份有限公司			是

续表

序号	公司名称	外资参股情况		是否在中国香港地区设立分支机构
		境外股东名称	出资比例	
79	上海东方证券资产管理有限公司			否
80	上海光大证券资产管理有限公司			否
81	上海国泰君安证券资产管理有限公司			否
82	上海海通证券资产管理有限公司			否
83	上海证券有限责任公司			否
84	申万宏源西部证券有限公司			否
85	申万宏源证券承销保荐有限责任公司			否
86	申万宏源证券有限公司			是
87	世纪证券有限责任公司			否
88	首创证券股份有限公司			否
89	太平洋证券股份有限公司			否
90	天风证券股份有限公司			是
91	万和证券股份有限公司			否
92	万联证券股份有限公司			否
93	五矿证券有限公司			否
94	西部证券股份有限公司			否
95	东方财富证券股份有限公司			否
96	西南证券股份有限公司			是
97	湘财证券股份有限公司			否
98	诚通证券股份有限公司			否
99	信达证券股份有限公司			是
100	兴业证券股份有限公司			是
101	兴证证券资产管理有限公司			否
102	银河金汇证券资产管理有限公司			否
103	银泰证券有限责任公司			否
104	英大证券有限责任公司			否
105	招商证券股份有限公司			是

续表

序号	公司名称	外资参股情况		是否在中国香港地区设立分支机构
		境外股东名称	出资比例	
106	招商证券资产管理有限公司			否
107	浙江浙商证券资产管理有限公司			否
108	浙商证券股份有限公司			否
109	中德证券有限责任公司	德意志银行股份有限公司	33.30%	否
110	中国国际金融股份有限公司	公众股东、阿布达比投资局	39.75%	是
111	方正证券承销保荐有限责任公司			否
112	中国银河证券股份有限公司			是
113	中国中金财富证券有限公司			否
114	中航证券有限公司			否
115	中山证券有限责任公司			否
116	中天证券股份有限公司			否
117	中信建投证券股份有限公司			是
118	中信证券（山东）有限责任公司			否
119	中信证券股份有限公司			是
120	中银国际证券股份有限公司	中银国际控股有限公司	33.42%	否
121	中邮证券有限责任公司			否
122	中原证券股份有限公司			是
123	联储证券有限责任公司			否
124	国盛证券资产管理有限公司			否
125	东证融汇证券资产管理有限公司			否
126	渤海汇金证券资产管理有限公司			否
127	申港证券股份有限公司	茂宸集团控股有限公司、裕承环球市场有限公司、嘉泰新兴资本管理有限公司	29.31%	否
128	华兴证券有限公司	华兴金融服务（香港）有限公司	63.83%	否

续表

序号	公司名称	外资参股情况		是否在中国香港地区设立分支机构
		境外股东名称	出资比例	
129	汇丰前海证券有限责任公司	香港上海汇丰银行有限公司	90%	否
130	东亚前海证券有限责任公司	东亚银行有限公司	49%	否
131	野村东方国际证券有限公司	野村控股株式会社	51%	否
132	摩根大通证券（中国）有限公司	J.P. Morgan International Finance Limited	100%	否
133	金圆统一证券有限公司	统一综合证券股份有限公司	49%	否
134	大和证券（中国）有限责任公司	株式会社大和证券集团总公司	51%	否
135	星展证券（中国）有限公司	星展银行有限公司	51%	否
136	安信证券资产管理有限公司			否
137	甬兴证券有限公司			否
138	上海甬兴证券资产管理有限公司			否
139	天风（上海）证券资产管理有限公司			否
140	德邦证券资产管理有限公司			否

附表3 基金管理公司一览表

序号	公司名称	外资参股情况		是否在境外国家或地区设立分支机构
		境外股东名称	出资比例	
1	国泰基金管理有限公司	意大利忠利集团	30%	是
2	南方基金管理股份有限公司			是
3	华夏基金管理有限公司	迈凯希金融公司	27.80%	是
4	华安基金管理有限公司			是
5	博时基金管理有限公司			是
6	鹏华基金管理有限公司	意大利欧利盛资本资产管理股份公司	49%	否
7	长盛基金管理有限公司	新加坡星展银行有限公司	33%	是
8	嘉实基金管理有限公司	德意志资产管理（亚洲）公司	30%	是
9	大成基金管理有限公司			是
10	富国基金管理有限公司	加拿大蒙特利尔银行	27.78%	是
11	易方达基金管理有限公司			是
12	宝盈基金管理有限公司			否
13	融通基金管理有限公司	日兴资产管理公司	40%	是
14	银华基金管理股份有限公司			是
15	长城基金管理有限公司			否
16	银河基金管理有限公司			否
17	泰达宏利基金管理有限公司	宏利投资管理（新加坡）私人有限公司；宏利资产管理（香港）有限公司	100%	否
18	国投瑞银基金管理有限公司	瑞士银行有限公司	49%	否
19	万家基金管理有限公司			否
20	金鹰基金管理有限公司			否
21	招商基金管理有限公司			是
22	华宝基金管理有限公司	华平资产管理合伙	29%	是
23	摩根士丹利华鑫基金管理有限公司	摩根士丹利国际控股公司	49%	否

续表

序号	公司名称	外资参股情况		是否在境外国家或地区设立分支机构
		境外股东名称	出资比例	
24	国联安基金管理有限公司	德国安联集团	49%	否
25	海富通基金管理有限公司	法国巴黎投资管理BE控股公司	49%	否
26	长信基金管理有限责任公司			否
27	泰信基金管理有限公司			否
28	天治基金管理有限公司			否
29	景顺长城基金管理有限公司	景顺资产管理公司（英国注册）	49%	否
30	广发基金管理有限公司			是
31	兴证全球基金管理有限公司	荷兰全球人寿保险国际公司	49%	否
32	诺安基金管理有限公司			是
33	申万菱信基金管理有限公司	三菱UFJ信托银行株式会社	33%	否
34	中海基金管理有限公司	法国爱德蒙得洛希尔银行股份有限公司	25%	否
35	光大保德信基金管理有限公司	保德信投资管理有限公司	45%	否
36	华富基金管理有限公司			否
37	上投摩根基金管理有限公司	摩根富林明资产管理有限公司	49%	是
38	东方基金管理股份有限公司			否
39	中银基金管理有限公司	贝莱德投资管理（英国）有限公司	16.50%	是
40	东吴基金管理有限公司			否
41	国海富兰克林基金管理有限公司	美国坦伯顿国际股份有限公司	49%	否
42	天弘基金管理有限公司			否
43	华泰柏瑞基金管理有限公司	柏瑞投资有限责任公司	49%	否
44	新华基金管理股份有限公司			否
45	汇添富基金管理股份有限公司			是
46	工银瑞信基金管理有限公司	瑞士信贷银行股份有限公司	20%	是
47	交银施罗德基金管理有限公司	施罗德投资管理公司	30%	是
48	中信保诚基金管理有限公司	英国保诚集团股份有限公司	49%	否
49	建信基金管理有限责任公司	美国信安金融服务公司	25%	是

续表

序号	公司名称	外资参股情况		是否在境外国家或地区设立分支机构
		境外股东名称	出资比例	
50	华商基金管理有限公司			否
51	汇丰晋信基金管理有限公司	汇丰环球投资管理（英国）有限公司	49%	否
52	益民基金管理有限公司			否
53	中邮创业基金管理股份有限公司	三井住友银行股份有限公司	24%	是
54	信达澳亚基金管理有限公司	康联首域集团有限公司	46%	否
55	诺德基金管理有限公司			否
56	中欧基金管理有限公司	意大利意联银行股份合作公司	25%	是
57	金元顺安基金管理有限公司			否
58	浦银安盛基金管理有限公司	法国安盛投资管理公司	39%	否
59	农银汇理基金管理有限公司	东方汇理资产管理公司	33.33%	否
60	民生加银基金管理有限公司	加拿大皇家银行	30%	否
61	西部利得基金管理有限公司			否
62	浙商基金管理有限公司			否
63	平安基金管理有限公司	大华资产管理有限公司	17.51%	否
64	富安达基金管理有限公司			否
65	财通基金管理有限公司			否
66	方正富邦基金管理有限公司	富邦证券投资信托股份有限公司	33.30%	否
67	长安基金管理有限公司			否
68	国金基金管理有限公司			否
69	安信基金管理有限责任公司			否
70	德邦基金管理有限公司			否
71	华宸未来基金管理有限公司	未来资产基金管理公司	25%	否
72	红塔红土基金管理有限公司			否
73	英大基金管理有限公司			否
74	江信基金管理有限公司			否
75	太平基金管理有限公司	安石投资管理有限公司	5.23%	否

续表

序号	公司名称	外资参股情况		是否在境外国家或地区设立分支机构
		境外股东名称	出资比例	
76	华润元大基金管理有限公司	元大证券投资信托股份有限公司	24.50%	否
77	前海开源基金管理有限公司			否
78	东海基金管理有限责任公司			否
79	中加基金管理有限公司	加拿大丰业银行	28%	是
80	兴业基金管理有限公司			否
81	中融基金管理有限公司			否
82	北京京管泰富基金管理有限责任公司	国泰证券投资信托股份有限公司	33.30%	否
83	中信建投基金管理有限公司			否
84	上银基金管理有限公司			否
85	鑫元基金管理有限公司			否
86	永赢基金管理有限公司	华侨银行有限公司	28.51%	是
87	兴银基金管理有限责任公司			否
88	国寿安保基金管理有限公司	安保资本投资有限公司	14.97%	否
89	圆信永丰基金管理有限公司	永丰证券投资信托股份有限公司	49%	否
90	中金基金管理有限公司			否
91	北信瑞丰基金管理有限公司			否
92	红土创新基金管理有限公司			否
93	嘉合基金管理有限公司			否
94	创金合信基金管理有限公司			否
95	九泰基金管理有限公司			否
96	泓德基金管理有限公司			否
97	金信基金管理有限公司			否
98	新疆前海联合基金管理有限公司			否
99	新沃基金管理有限公司			否
100	中科沃土基金管理有限公司			否
101	富荣基金管理有限公司			否

续表

序号	公司名称	外资参股情况		是否在境外国家或地区设立分支机构
		境外股东名称	出资比例	
102	汇安基金管理有限责任公司			否
103	先锋基金管理有限公司			否
104	中航基金管理有限公司			否
105	华泰保兴基金管理有限公司			否
106	鹏扬基金管理有限公司			否
107	恒生前海基金管理有限公司	恒生银行有限公司	70%	否
108	格林基金管理有限公司			否
109	南华基金管理有限公司			否
110	凯石基金管理有限公司			否
111	国融基金管理有限公司			否
112	东方阿尔法基金管理有限公司			否
113	恒越基金管理有限公司			否
114	弘毅远方基金管理有限公司			否
115	合煦智远基金管理有限公司			否
116	博道基金管理有限公司			否
117	蜂巢基金管理有限公司			否
118	中庚基金管理有限公司			否
119	湘财基金管理有限公司			否
120	睿远基金管理有限公司			是
121	朱雀基金管理有限公司			否
122	淳厚基金管理有限公司			否
123	同泰基金管理有限公司			否
124	惠升基金管理有限责任公司			否
125	西藏东财基金管理有限公司			否
126	博远基金管理有限公司			否
127	国新国证基金管理有限公司			否
128	明亚基金管理有限责任公司			否

续表

序号	公司名称	外资参股情况		是否在境外国家或地区设立分支机构
		境外股东名称	出资比例	
129	贝莱德基金管理有限公司	贝莱德金融管理公司	100%	否
130	达诚基金管理有限公司			否
131	兴华基金管理有限公司			否
132	东兴基金管理有限公司			否
133	瑞达基金管理有限公司			否
134	汇泉基金管理有限公司			否
135	百嘉基金管理有限公司			否
136	尚正基金管理有限公司			否
137	易米基金管理有限公司			否
138	兴合基金管理有限公司			否
139	泰康基金管理有限公司			否
140	泉果基金管理有限公司			否
141	路博迈基金管理（中国）有限公司	路博迈投资顾问有限公司	100%	否
142	富达基金管理（中国）有限公司	富达亚洲控股私人有限公司	100%	否

附表4 期货公司一览表

序号	名称	年度评级	外资参股情况 境外股东名称	出资比例	是否在香港地区设立分支机构
1	安粮期货股份有限公司	BBB			否
2	宝城期货有限责任公司	A			否
3	北京首创期货有限责任公司	BB			否
4	倍特期货有限公司	BBB			否
5	渤海期货股份有限公司	A			否
6	财达期货有限公司	BB			否
7	财信期货有限公司	BBB			否
8	长安期货有限公司	BBB			否
9	长城期货股份有限公司	BB			否
10	长江期货股份有限公司	A			否
11	晟鑫期货经纪有限公司	BB			否
12	盛达期货有限公司	CCC			否
13	创元期货股份有限公司	A			否
14	大地期货有限公司	A			是
15	大通期货经纪有限公司	C			否
16	大有期货有限公司	BBB			否
17	大越期货股份有限公司	BBB			否
18	道通期货经纪有限公司	BB			否
19	第一创业期货有限责任公司	BB			否
20	东方汇金期货有限公司	CCC			否
21	东海期货有限责任公司	A			否
22	东航期货有限公司	A			否
23	东吴期货有限公司	A			否
24	东兴期货有限责任公司	BBB			否
25	方正中期期货有限公司	A			否

续表

序号	名称	年度评级	外资参股情况		是否在香港地区设立分支机构
			境外股东名称	出资比例	
26	佛山金控期货有限公司	B			否
27	福能期货股份有限公司	BB			否
28	格林大华期货有限公司	A			否
29	冠通期货股份有限公司	BBB			否
30	光大期货有限公司	AA			否
31	广发期货有限公司	AA			是
32	广州金控期货有限公司	BBB			否
33	广州期货股份有限公司	A			否
34	国盛期货有限责任公司	B			否
35	国都期货有限公司	B			否
36	国富期货有限公司	A			否
37	国海良时期货有限公司	A			否
38	国金期货有限责任公司	BBB			否
39	国联期货股份有限公司	A			否
40	国贸期货有限公司	A			是
41	国泰君安期货有限公司	AA			否
42	国投安信期货有限公司	AA			否
43	国新国证期货有限责任公司	BB			否
44	国信期货有限责任公司	A			否
45	国元期货有限公司	A			否
46	海航期货股份有限公司	CCC			否
47	海通期货股份有限公司	AA			否
48	海证期货有限公司	BBB			否
49	和合期货有限公司	BB			否
50	和融期货有限责任公司	BB			否
51	恒力期货有限公司	BBB			否
52	恒泰期货股份有限公司	BB			否

续表

序号	名称	年度评级	外资参股情况		是否在香港地区设立分支机构
			境外股东名称	出资比例	
53	恒银期货有限公司	C			否
54	宏源期货有限公司	A			否
55	弘业期货股份有限公司	A			是
56	红塔期货有限责任公司	BBB			否
57	华安期货有限责任公司	A			否
58	华创期货有限责任公司	BB			否
59	华金期货有限公司	BB			否
60	华联期货有限公司	BBB			否
61	华龙期货股份有限公司	CC			否
62	华融融达期货股份有限公司	A			否
63	华泰期货有限公司	AA			是
64	华闻期货有限公司	BB			否
65	华西期货有限责任公司	BBB			否
66	华鑫期货有限公司	BB			否
67	徽商期货有限责任公司	A			是
68	混沌天成期货股份有限公司	BBB			是
69	建信期货有限责任公司	A			否
70	江海汇鑫期货有限公司	BB			否
71	江苏东华期货有限公司	B			否
72	江西瑞奇期货有限公司	BBB			否
73	津投期货经纪有限公司	CCC			否
74	金鹏期货经纪有限公司	BBB			否
75	金瑞期货股份有限公司	A			是
76	金石期货有限公司	BB			否
77	金信期货有限公司	CCC			否
78	金元期货股份有限公司	BB			否
79	锦泰期货有限公司	BBB			否

续表

序号	名称	年度评级	外资参股情况		是否在香港地区设立分支机构
			境外股东名称	出资比例	
80	九州期货有限公司	CCC			否
81	迈科期货股份有限公司	CCC			否
82	美尔雅期货有限公司	BBB			否
83	民生期货有限公司	BBB			否
84	摩根大通期货有限公司	BBB	摩根大通经纪（香港）有限公司	100%	否
85	南华期货股份有限公司	AA			是
86	宁证期货有限责任公司	BBB			否
87	平安期货有限公司	A			否
88	乾坤期货有限公司	BBB			否
89	前海期货有限公司	D			否
90	瑞达期货股份有限公司	A			是
91	瑞银期货有限责任公司	BBB			否
92	山东港信期货有限公司	BBB			否
93	山东齐盛期货有限公司	BB			否
94	山金期货有限公司	BBB			否
95	山西三立期货经纪有限公司	CCC			否
96	上海大陆期货有限公司	CCC			否
97	上海东方财富期货有限公司	A			否
98	上海东方期货经纪有限责任公司	D			否
99	上海东亚期货有限公司	BB			否
100	上海东证期货有限公司	AA			否
101	上海浙石期货经纪有限公司	BB			否
102	上海中期期货股份有限公司	B			否
103	深圳市中金岭南期货有限公司	BB			否
104	申银万国期货有限公司	AA			否
105	神华期货有限公司	BB			否

续表

序号	名称	年度评级	外资参股情况		是否在香港地区设立分支机构
			境外股东名称	出资比例	
106	首创京都期货有限公司	BBB			否
107	天富期货有限公司	CCC			否
108	天鸿期货经纪有限公司	CCC			否
109	通惠期货有限公司	B			否
110	铜冠金源期货有限公司	BB			否
111	五矿期货有限公司	A			是
112	物产中大期货有限公司	A			否
113	西部期货有限公司	BBB			否
114	西南期货有限公司	BBB			否
115	先锋期货股份有限公司	B			否
116	新湖期货股份有限公司	AA			是
117	新纪元期货股份有限公司	D			否
118	鑫鼎盛期货有限公司	BB			否
119	信达期货有限公司	A			否
120	兴业期货有限公司	A			否
121	兴证期货有限公司	A			否
122	一德期货有限公司	A			否
123	银河期货有限公司	AA			否
124	英大期货有限公司	BB			否
125	永安期货股份有限公司	AA			是
126	永商期货有限公司	CCC			否
127	云财富期货有限公司	BB			否
128	云晨期货有限责任公司	BB			否
129	招商期货有限公司	AA			否
130	浙江新世纪期货有限公司	BBB			否
131	浙商期货有限公司	AA			是
132	中财期货有限公司	BBB			否

续表

序号	名称	年度评级	外资参股情况		是否在香港地区设立分支机构
			境外股东名称	出资比例	
133	中电投先融期货股份有限公司	BBB			否
134	中钢期货有限公司	BBB			否
135	中国国际期货股份有限公司	BBB			是
136	中航期货有限公司	BB			否
137	中辉期货有限公司	CCC			否
138	中金财富期货有限公司	A			否
139	中金期货有限公司	A			否
140	中粮期货有限公司	AA			是
141	中融汇信期货有限公司	BBB			否
142	中泰期货股份有限公司	AA			是
143	中天期货有限责任公司	BB			否
144	中信建投期货有限公司	AA			否
145	中信期货有限公司	AA			是
146	中衍期货有限公司	BB			否
147	中银国际期货有限责任公司	BBB			否
148	中原期货股份有限公司	BB			否
149	中州期货有限公司	C			否
150	紫金天风期货股份有限公司	A			否

附表5　　合格境外投资者一览表

序号	中文名称	注册地	批准日期	主托管行
1	瑞士银行	瑞士	2003/5/23	花旗银行
2	野村证券株式会社	日本	2003/5/23	农业银行
3	摩根士丹利国际股份有限公司	英国	2003/6/5	汇丰银行
4	花旗环球金融有限公司	英国	2003/6/5	德意志银行
5	高盛公司	美国	2003/7/4	汇丰银行
6	德意志银行	德国	2003/7/30	花旗银行
7	香港上海汇丰银行有限公司	中国香港	2003/8/4	建设银行
8	摩根大通银行	美国	2003/9/30	汇丰银行
9	瑞士信贷（香港）有限公司	中国香港	2003/10/24	汇丰银行
10	渣打银行（香港）有限公司	中国香港	2003/12/11	中国银行
11	日兴资产管理有限公司	日本	2003/12/11	交通银行
12	美林国际	英国	2004/4/30	汇丰银行
13	恒生银行有限公司	中国香港	2004/5/10	建设银行
14	大和证券株式会社	日本	2004/5/10	工商银行
15	比尔及梅林达盖茨信托基金会	美国	2004/7/19	汇丰银行
16	景顺资产管理有限公司	英国	2004/8/4	中国银行
17	法国兴业银行	法国	2004/9/2	汇丰银行
18	巴克莱银行	英国	2004/9/15	渣打银行
19	德国商业银行	德国	2004/9/27	工商银行
20	法国巴黎银行	法国	2004/9/29	工商银行
21	加拿大鲍尔公司	加拿大	2004/10/15	建设银行
22	东方汇理银行	法国	2004/10/15	汇丰银行
23	高盛国际资产管理公司	英国	2005/5/9	汇丰银行
24	马丁可利投资管理有限公司	英国	2005/10/25	花旗银行
25	新加坡政府投资有限公司	新加坡	2005/10/25	渣打银行
26	柏瑞投资有限责任公司	美国	2005/11/14	中国银行
27	淡马锡富敦投资有限公司	新加坡	2005/11/15	汇丰银行
28	JF资产管理有限公司	中国香港	2005/12/28	建设银行

续表

序号	中文名称	注册地	批准日期	主托管行
29	日本第一生命保险株式会社	日本	2005/12/28	中国银行
30	星展银行有限公司	新加坡	2006/2/13	农业银行
31	安保资本投资有限公司	澳大利亚	2006/4/10	建设银行
32	加拿大丰业银行	加拿大	2006/4/10	中国银行
33	比联金融产品英国有限公司	英国	2006/4/10	花旗银行
34	爱德蒙得洛希尔（法国）	法国	2006/4/10	中国银行
35	耶鲁大学	美国	2006/4/14	汇丰银行
36	摩根士丹利投资管理公司	美国	2006/7/7	汇丰银行
37	瀚亚投资（香港）有限公司	中国香港	2006/7/7	农业银行
38	斯坦福大学	美国	2006/8/5	汇丰银行
39	大华银行有限公司	新加坡	2006/8/5	工商银行
40	施罗德投资管理有限公司	英国	2006/8/29	交通银行
41	汇丰环球投资管理（香港）有限公司	中国香港	2006/9/5	交通银行
42	瑞穗证券株式会社	日本	2006/9/5	建设银行
43	三井住友德思资产管理株式会社	日本	2006/9/25	花旗银行
44	瑞银资产管理（新加坡）有限公司	新加坡	2006/9/25	汇丰银行
45	挪威中央银行	挪威	2006/10/24	花旗银行
46	百达资产管理有限公司	英国	2006/10/25	汇丰银行
47	哥伦比亚大学	美国	2008/3/12	汇丰银行
48	荷宝基金管理公司	荷兰	2008/5/5	花旗银行
49	道富环球投资管理亚洲有限公司	中国香港	2008/5/16	建设银行
50	比利时联合资产管理有限公司	比利时	2008/6/2	工商银行
51	铂金投资管理有限公司	澳大利亚	2008/6/2	汇丰银行
52	未来资产基金管理公司	韩国	2008/7/25	工商银行
53	安达国际控股有限公司	美国	2008/8/5	工商银行
54	魁北克储蓄投资集团	加拿大	2008/8/22	汇丰银行
55	哈佛大学	美国	2008/8/22	工商银行
56	三星资产运用株式会社	韩国	2008/8/25	汇丰银行
57	联博有限公司	英国	2008/8/28	汇丰银行
58	华侨银行有限公司	新加坡	2008/8/28	建设银行

续表

序号	中文名称	注册地	批准日期	主托管行
59	首源投资（英国）有限公司	英国	2008/9/11	花旗银行
60	大和资产管理株式会社	日本	2008/9/11	汇丰银行
61	普徕仕投资公司	美国	2008/9/12	汇丰银行
62	壳牌资产管理有限公司	荷兰	2008/9/12	花旗银行
63	瑞士信贷银行股份有限公司	瑞士	2008/10/14	工商银行
64	大华资产管理有限公司	新加坡	2008/11/28	工商银行
65	阿布达比投资局	阿联酋	2008/12/3	汇丰银行
66	安联环球投资有限公司	德国	2008/12/16	汇丰银行
67	资本国际公司	美国	2008/12/18	汇丰银行
68	三菱日联摩根士丹利证券股份有限公司	日本	2008/12/29	中国银行
69	韩华资产运用株式会社	韩国	2009/2/5	工商银行
70	韩国产业银行	韩国	2009/4/23	建设银行
71	韩国友利银行股份有限公司	韩国	2009/5/4	工商银行
72	马来西亚国家银行	马来西亚	2009/5/19	汇丰银行
73	邓普顿投资顾问有限公司	美国	2009/6/5	汇丰银行
74	东亚联丰投资管理有限公司	中国香港	2009/6/18	工商银行
75	三井住友信托银行股份有限公司	日本	2009/6/26	花旗银行
76	韩国投资信托运用株式会社	韩国	2009/7/21	工商银行
77	霸菱资产管理有限公司	英国	2009/8/6	汇丰银行
78	安石投资管理有限公司	英国	2009/9/14	汇丰银行
79	纽约梅隆资产管理国际有限公司	英国	2009/11/6	建设银行
80	宏利投资管理（香港）有限公司	中国香港	2009/11/20	工商银行
81	野村资产管理株式会社	日本	2009/11/23	工商银行
82	友利资产运用株式会社	韩国	2009/12/11	汇丰银行
83	加拿大皇家银行	加拿大	2009/12/23	工商银行
84	英杰华投资集团全球服务有限公司	英国	2009/12/28	工商银行
85	顶峰资产管理有限公司	日本	2010/4/20	汇丰银行
86	法国欧菲资产管理公司	法国	2010/5/21	渣打银行
87	安本亚洲有限公司	新加坡	2010/7/6	花旗银行
88	KB 资产运用	韩国	2010/8/9	花旗银行

续表

序号	中文名称	注册地	批准日期	主托管行
89	富达基金（香港）有限公司	中国香港	2010/9/1	汇丰银行
90	香港金融管理局	中国香港	2010/10/27	花旗银行
91	富邦证券投资信托股份有限公司	中国台湾	2010/10/29	建设银行
92	群益证券投资信托股份有限公司	中国台湾	2010/10/29	汇丰银行
93	蒙特利尔银行投资公司	加拿大	2010/12/6	工商银行
94	瑞士宝盛银行	瑞士	2010/12/14	花旗银行
95	科提比资产运用株式会社	韩国	2010/12/28	建设银行
96	领先资产管理	法国	2011/2/16	建设银行
97	元大证券投资信托股份有限公司	中国台湾	2011/3/4	农业银行
98	忠利保险有限公司	意大利	2011/3/18	工商银行
99	西班牙对外银行有限公司	西班牙	2011/5/6	中信银行
100	国泰证券投资信托股份有限公司	中国台湾	2011/6/9	农业银行
101	复华证券投资信托股份有限公司	中国台湾	2011/6/9	花旗银行
102	亢简资产管理公司	法国	2011/6/24	德意志银行
103	贝莱德机构信托公司	美国	2011/7/14	汇丰银行
104	东方汇理资产管理香港有限公司	中国香港	2011/7/14	建设银行
105	GMO 有限责任公司	美国	2011/8/9	汇丰银行
106	新加坡金融管理局	新加坡	2011/10/8	汇丰银行
107	中国人寿保险股份有限公司（台湾）	中国台湾	2011/10/26	建设银行
108	新光人寿保险股份有限公司	中国台湾	2011/10/26	中国银行
109	普林斯顿大学	美国	2011/11/25	汇丰银行
110	泛达公司	美国	2011/12/9	工商银行
111	加拿大年金计划投资委员会	加拿大	2011/12/9	汇丰银行
112	瀚博环球投资公司	美国	2011/12/13	渣打银行
113	安耐德合伙人有限公司	美国	2011/12/13	建设银行
114	泰国银行	泰国	2011/12/16	汇丰银行
115	博时基金（国际）有限公司	中国香港	2011/12/21	汇丰银行
116	大成国际资产管理有限公司	中国香港	2011/12/21	中国银行
117	华安资产管理（香港）有限公司	中国香港	2011/12/21	建设银行
118	科威特政府投资局	科威特	2011/12/21	工商银行

续表

序号	中文名称	注册地	批准日期	主托管行
119	北美信托环球投资公司	英国	2011/12/21	交通银行
120	台湾人寿保险股份有限公司	中国台湾	2011/12/21	工商银行
121	韩国银行	韩国	2011/12/21	汇丰银行
122	海富通资产管理（香港）有限公司	中国香港	2011/12/21	中国银行
123	华夏基金（香港）有限公司	中国香港	2011/12/21	花旗银行
124	汇添富资产管理（香港）有限公司	中国香港	2011/12/21	中国银行
125	嘉实国际资产管理有限公司	中国香港	2011/12/21	汇丰银行
126	南方东英资产管理有限公司	中国香港	2011/12/21	汇丰银行
127	易方达资产管理（香港）有限公司	中国香港	2011/12/21	建设银行
128	中国国际金融（香港）有限公司	中国香港	2011/12/22	渣打银行
129	国信证券（香港）金融控股有限公司	中国香港	2011/12/22	中国银行
130	光大证券金融控股有限公司	中国香港	2011/12/22	工商银行
131	华泰金融控股（香港）有限公司	中国香港	2011/12/22	中国银行
132	国泰君安金融控股有限公司	中国香港	2011/12/22	工商银行
133	海通国际控股有限公司	中国香港	2011/12/22	汇丰银行
134	广发控股（香港）有限公司	中国香港	2011/12/22	工商银行
135	招商证券国际有限公司	中国香港	2011/12/22	交通银行
136	申万宏源（国际）集团有限公司	中国香港	2011/12/22	交通银行
137	中信证券国际有限公司	中国香港	2011/12/22	中国银行
138	安信国际金融控股有限公司	中国香港	2011/12/22	中国银行
139	国元国际控股有限公司	中国香港	2011/12/22	汇丰银行
140	安大略省教师养老金计划委员会	加拿大	2011/12/22	汇丰银行
141	罗素投资爱尔兰有限公司	爱尔兰	2011/12/28	汇丰银行
142	韩国投资公司	韩国	2011/12/28	汇丰银行
143	迈世勒资产管理有限责任公司	德国	2011/12/31	工商银行
144	华宜资产运用有限公司	韩国	2011/12/31	工商银行
145	国民年金公团（韩国）	韩国	2012/1/5	汇丰银行
146	新韩资产运用株式会社	韩国	2012/1/5	汇丰银行
147	三商美邦人寿保险股份有限公司	中国台湾	2012/1/30	汇丰银行
148	保德信证券投资信托股份有限公司	中国台湾	2012/1/31	汇丰银行

续表

序号	中文名称	注册地	批准日期	主托管行
149	信安环球投资有限公司	美国	2012/1/31	建设银行
150	全球人寿保险股份有限公司	中国台湾	2012/2/3	花旗银行
151	大众信托基金有限公司	马来西亚	2012/2/3	花旗银行
152	明治安田资产管理有限公司	日本	2012/2/27	花旗银行
153	国泰人寿保险股份有限公司	中国台湾	2012/2/28	中国银行
154	三井住友银行株式会社	日本	2012/2/28	中国银行
155	富邦人寿保险股份有限公司	中国台湾	2012/3/1	花旗银行
156	友邦保险有限公司	中国香港	2012/3/5	中国银行
157	纽伯格伯曼欧洲有限公司	英国	2012/3/5	工商银行
158	马来西亚国库控股公司	马来西亚	2012/3/7	工商银行
159	资本研究与管理公司	美国	2012/3/9	汇丰银行
160	日本东京海上资产管理株式会社	日本	2012/3/14	汇丰银行
161	韩亚金融投资株式会社	韩国	2012/3/29	汇丰银行
162	兴元资产管理有限公司	美国	2012/3/30	德意志银行
163	伦敦市投资管理有限公司	英国	2012/3/30	汇丰银行
164	摩根资产管理（英国）有限公司	英国	2012/3/30	工商银行
165	冈三资产管理股份有限公司	日本	2012/3/30	汇丰银行
166	预知投资管理公司	南非	2012/4/18	工商银行
167	东部资产运用株式会社	韩国	2012/4/20	建设银行
168	骏利亨德森投资英国有限公司	英国	2012/4/28	渣打银行
169	欧利盛资产管理有限公司	卢森堡	2012/5/2	工商银行
170	中银国际英国保诚资产管理有限公司	中国香港	2012/5/3	渣打银行
171	富敦资金管理有限公司	新加坡	2012/5/4	汇丰银行
172	利安资金管理公司	新加坡	2012/5/7	中国银行
173	忠利银行基金管理卢森堡有限责任公司	卢森堡	2012/5/23	建设银行
174	威廉博莱公司	美国	2012/5/24	汇丰银行
175	晋达英国有限公司	英国	2012/5/28	汇丰银行
176	安智投资管理亚太（香港）有限公司	中国香港	2012/6/4	花旗银行
177	三菱日联国际资产管理公司	日本	2012/6/4	汇丰银行
178	中银集团人寿保险有限公司	中国香港	2012/7/12	农业银行

续表

序号	中文名称	注册地	批准日期	主托管行
179	霍尔资本有限公司	美国	2012/8/6	花旗银行
180	得克萨斯大学体系董事会	美国	2012/8/6	汇丰银行
181	南山人寿保险股份有限公司	中国台湾	2012/8/6	工商银行
182	工银瑞信资产管理（国际）有限公司	中国香港	2012/8/7	汇丰银行
183	广发国际资产管理有限公司	中国香港	2012/8/7	工商银行
184	SUVA 瑞士国家工伤保险机构	瑞士	2012/8/13	花旗银行
185	不列颠哥伦比亚省投资管理公司	加拿大	2012/8/17	汇丰银行
186	惠理基金管理香港有限公司	中国香港	2012/8/21	汇丰银行
187	安大略退休金管理委员会	加拿大	2012/8/29	汇丰银行
188	教会养老基金	美国	2012/8/31	工商银行
189	麦格理银行有限公司	澳大利亚	2012/9/4	汇丰银行
190	海通国际资产管理（香港）有限公司	中国香港	2012/9/20	交通银行
191	IDG 资本管理（香港）有限公司	中国香港	2012/9/20	建设银行
192	瑞典第二国家养老金	瑞典	2012/9/20	汇丰银行
193	杜克大学	美国	2012/9/24	工商银行
194	卡塔尔控股有限责任公司	卡塔尔	2012/9/25	农业银行
195	瑞士盈丰银行股份有限公司	瑞士	2012/9/26	花旗银行
196	贝莱德资产管理北亚有限公司	中国香港	2012/10/26	汇丰银行
197	海拓投资管理公司	美国	2012/10/26	中国银行
198	奥博医疗顾问有限公司	美国	2012/10/26	花旗银行
199	上投摩根资产管理（香港）有限公司	中国香港	2012/10/26	中国银行
200	新思路投资有限公司	新加坡	2012/10/26	汇丰银行
201	摩根证券投资信托股份有限公司	中国台湾	2012/11/5	建设银行
202	全球保险集团美国投资管理有限公司	美国	2012/11/5	花旗银行
203	鼎晖投资咨询新加坡有限公司	新加坡	2012/11/7	建设银行
204	瑞典北欧斯安银行有限公司	瑞典	2012/11/12	中国银行
205	道明资产管理公司	加拿大	2012/11/21	汇丰银行
206	统一证券投资信托股份有限公司	中国台湾	2012/11/21	汇丰银行
207	毕盛资产管理有限公司	新加坡	2012/11/27	建设银行
208	中信里昂资产管理有限公司	中国香港	2012/12/11	工商银行

续表

序号	中文名称	注册地	批准日期	主托管行
209	太平洋投资策略有限公司	中国香港	2012/12/11	建设银行
210	HHLR 管理有限公司	新加坡	2012/12/11	建设银行
211	永丰证券投资信托股份有限公司	中国台湾	2012/12/13	工商银行
212	富国资产管理（香港）有限公司	中国香港	2012/12/17	汇丰银行
213	宜思投资管理有限责任公司	瑞典	2013/1/7	花旗银行
214	第一金证券投资信托股份有限公司	中国台湾	2013/1/24	汇丰银行
215	瑞银资产管理（香港）有限公司	中国香港	2013/1/24	汇丰银行
216	太平洋投资管理公司亚洲私营有限公司	新加坡	2013/1/24	汇丰银行
217	EJS 投资管理有限公司	瑞士	2013/1/31	交通银行
218	国泰君安资产管理（亚洲）有限公司	中国香港	2013/2/21	交通银行
219	诺安基金（香港）有限公司	中国香港	2013/2/22	工商银行
220	招商证券资产管理（香港）有限公司	中国香港	2013/2/22	交通银行
221	泰康资产管理（香港）有限公司	中国香港	2013/2/22	工商银行
222	国民证券株式会社	韩国	2013/3/22	建设银行
223	工银资管（全球）有限公司	中国香港	2013/3/25	建设银行
224	建银国际资产管理有限公司	中国香港	2013/3/25	工商银行
225	Azimut 投资股份有限公司	卢森堡	2013/4/11	汇丰银行
226	亚洲资本再保险集团私人有限公司	新加坡	2013/4/11	花旗银行
227	兴证（香港）金融控股有限公司	中国香港	2013/4/25	兴业银行
228	台新证券投资信托股份有限公司	中国台湾	2013/4/27	建设银行
229	汇丰证券投资信托股份有限公司	中国台湾	2013/5/10	交通银行
230	农银国际资产管理有限公司	中国香港	2013/5/15	中国银行
231	太平资产管理（香港）有限公司	中国香港	2013/5/15	建设银行
232	东吴证券（国际）金融控股有限公司	中国香港	2013/5/16	中国银行
233	中国国际金融香港资产管理有限公司	中国香港	2013/5/16	建设银行
234	东方金融控股（香港）有限公司	中国香港	2013/5/23	中国银行
235	中国光大资产管理有限公司	中国香港	2013/5/30	汇丰银行
236	恒生投资管理有限公司	中国香港	2013/6/4	建设银行
237	兆丰国际证券投资信托股份有限公司	中国台湾	2013/6/4	德意志银行
238	法国巴黎投资管理亚洲有限公司	中国香港	2013/6/19	中国银行

续表

序号	中文名称	注册地	批准日期	主托管行
239	圣母大学	美国	2013/6/19	汇丰银行
240	横华国际资产管理有限公司	中国香港	2013/7/15	交通银行
241	长江证券国际金融集团有限公司	中国香港	2013/7/15	中国银行
242	纽堡亚洲	美国	2013/7/15	汇丰银行
243	华南永昌证券投资信托股份有限公司	中国台湾	2013/7/15	花旗银行
244	景林资产管理香港有限公司	中国香港	2013/7/15	汇丰银行
245	中银香港资产管理有限公司	中国香港	2013/7/15	农业银行
246	中国平安资产管理（香港）有限公司	中国香港	2013/7/19	中国银行
247	信达国际资产管理有限公司	中国香港	2013/7/19	建设银行
248	弘收投资管理（香港）有限公司	中国香港	2013/7/19	工商银行
249	东亚银行有限公司	中国香港	2013/8/15	中国银行
250	永丰金资产管理（亚洲）有限公司	中国香港	2013/8/15	工商银行
251	交银国际资产管理有限公司	中国香港	2013/8/20	汇丰银行
252	中国东方国际资产管理有限公司	中国香港	2013/8/20	中国银行
253	中国信托人寿保险股份有限公司	中国台湾	2013/8/20	中国银行
254	凯思博投资管理（香港）有限公司	中国香港	2013/8/20	工商银行
255	富邦产物保险股份有限公司	中国台湾	2013/8/26	工商银行
256	欧特咨询有限公司	英国	2013/8/26	汇丰银行
257	盛树投资管理有限公司	新加坡	2013/8/26	汇丰银行
258	柏瑞投资香港有限公司	中国香港	2013/9/26	汇丰银行
259	创兴银行有限公司	中国香港	2013/9/26	建设银行
260	梅奥诊所	美国	2013/9/29	汇丰银行
261	国信证券（香港）资产管理有限公司	中国香港	2013/9/29	工商银行
262	政府养老基金（泰国）	泰国	2013/10/24	建设银行
263	CSAM 资产管理有限公司	新加坡	2013/10/30	建设银行
264	摩根资产管理（亚太）有限公司	中国香港	2013/10/30	建设银行
265	未来资产环球投资（香港）有限公司	中国香港	2013/10/30	花旗银行
266	香港沪光国际投资管理有限公司	中国香港	2013/10/30	中国银行
267	中信建投（国际）金融控股有限公司	中国香港	2013/10/30	中国银行
268	狮诚控股国际私人有限公司	新加坡	2013/10/30	汇丰银行

续表

序号	中文名称	注册地	批准日期	主托管行
269	中国人寿富兰克林资产管理有限公司	中国香港	2013/10/30	建设银行
270	瑞银韩亚资产运用株式会社	韩国	2013/10/31	汇丰银行
271	国泰世华商业银行股份有限公司	中国台湾	2013/11/7	工商银行
272	立陶宛银行	立陶宛	2013/11/23	汇丰银行
273	富兰克林华美证券投资信托股份有限公司	中国台湾	2013/11/23	农业银行
274	中国信托商业银行股份有限公司	中国台湾	2013/11/23	中国银行
275	国金证券（香港）有限公司	中国香港	2013/12/6	建设银行
276	中国银河国际金融控股有限公司	中国香港	2013/12/11	汇丰银行
277	永隆资产管理有限公司	中国香港	2013/12/30	交通银行
278	华宝资产管理（香港）有限公司	中国香港	2014/1/20	中国银行
279	易亚投资管理有限公司	中国香港	2014/1/20	德意志银行
280	华盛顿大学	美国	2014/1/23	汇丰银行
281	澳门金融管理局	中国澳门	2014/1/27	中国银行
282	史帝夫尼可洛司股份有限公司	美国	2014/1/27	汇丰银行
283	职总英康保险合作社有限公司	新加坡	2014/1/27	汇丰银行
284	Invesco PowerShares 资产管理有限公司	美国	2014/1/27	建设银行
285	瑞士再保险私人有限公司	瑞士	2014/1/27	花旗银行
286	Nordea 投资管理公司	瑞典	2014/1/27	汇丰银行
287	嘉理资产管理有限公司	中国香港	2014/3/6	建设银行
288	施罗德投资管理（香港）有限公司	中国香港	2014/3/6	汇丰银行
289	街口证券投资信托股份有限公司	中国台湾	2014/3/11	工商银行
290	喀斯喀特有限责任公司	美国	2014/3/11	德意志银行
291	铭基国际投资公司	美国	2014/3/12	汇丰银行
292	奥本海默基金公司	美国	2014/3/19	汇丰银行
293	越秀资产管理有限公司	中国香港	2014/3/26	德意志银行
294	润晖投资管理香港有限公司	中国香港	2014/3/27	建设银行
295	高观投资有限公司	中国香港	2014/4/8	汇丰银行
296	赤子之心资本亚洲有限公司	中国香港	2014/4/15	花旗银行
297	招商资产（香港）有限公司	中国香港	2014/5/21	交通银行
298	日兴资产管理亚洲有限公司	新加坡	2014/5/21	汇丰银行

续表

序号	中文名称	注册地	批准日期	主托管行
299	辉立资本管理（香港）有限公司	中国香港	2014/6/3	渣打银行
300	台新国际商业银行股份有限公司	中国台湾	2014/6/3	建设银行
301	长盛基金（香港）有限公司	中国香港	2014/6/12	工商银行
302	贝莱德顾问（英国）有限公司	英国	2014/6/13	汇丰银行
303	汇丰环球资产管理（英国）有限公司	英国	2014/6/16	交通银行
304	花旗集团基金管理有限公司	中国香港	2014/6/16	德意志银行
305	中泰金融国际有限公司	中国香港	2014/6/27	交通银行
306	三星资产运用（香港）有限公司	中国香港	2014/6/30	汇丰银行
307	爱斯普乐基金管理公司	韩国	2014/7/24	花旗银行
308	新华资产管理（香港）有限公司	中国香港	2014/7/24	建设银行
309	彭博家族基金会	美国	2014/7/25	汇丰银行
310	元富证券（香港）有限公司	中国香港	2014/7/28	渣打银行
311	石溪集团	美国	2014/7/28	花旗银行
312	国泰君安基金管理有限公司	中国香港	2014/8/11	工商银行
313	财通国际资产管理有限公司	中国香港	2014/8/12	工商银行
314	联博香港有限公司	中国香港	2014/8/12	建设银行
315	元大宝来证券（香港）有限公司	中国香港	2014/8/15	中国银行
316	安本亚洲有限公司	新加坡	2014/8/15	花旗银行
317	法国巴黎资产管理（法国）	法国	2014/8/27	汇丰银行
318	晋达英国有限公司	英国	2014/8/28	汇丰银行
319	凯敏雅克资产管理公司	法国	2014/9/19	汇丰银行
320	麻省理工学院	美国	2014/9/19	汇丰银行
321	万金全球香港有限公司	中国香港	2014/9/22	花旗银行
322	高盛国际	英国	2014/9/22	汇丰银行
323	安盛基金管理有限公司	卢森堡	2014/10/8	汇丰银行
324	融通国际资产管理有限公司	中国香港	2014/10/8	工商银行
325	上海商业银行有限公司	中国香港	2014/10/13	交通银行
326	中诚国际资本有限公司	中国香港	2014/10/31	交通银行
327	亨茂资产管理有限公司	中国香港	2014/11/19	工商银行
328	赛德堡资本（英国）有限公司	英国	2014/11/19	建设银行

续表

序号	中文名称	注册地	批准日期	主托管行
329	霸菱资产管理（亚洲）有限公司	中国香港	2014/11/25	汇丰银行
330	信安环球投资（香港）有限公司	中国香港	2014/11/25	建设银行
331	施罗德投资管理（新加坡）有限公司	新加坡	2014/12/1	汇丰银行
332	未来资产环球投资有限公司	韩国	2014/12/4	工商银行
333	威灵顿投资管理国际有限公司	英国	2014/12/10	汇丰银行
334	加拿大丰业亚洲有限公司	新加坡	2014/12/12	中国银行
335	摩根资产管理（新加坡）有限公司	新加坡	2014/12/24	建设银行
336	NH-AMUNDI 资产管理有限公司	韩国	2014/12/26	汇丰银行
337	加百利投资管理（香港）有限公司	中国香港	2014/12/26	中国银行
338	申万宏源投资管理（亚洲）有限公司	中国香港	2014/12/30	工商银行
339	宾夕法尼亚大学校董会	美国	2015/1/5	汇丰银行
340	广发资产管理（香港）有限公司	中国香港	2015/1/7	工商银行
341	路伯迈新加坡有限公司	新加坡	2015/1/22	渣打银行
342	TRUSTON 资产管理有限公司	韩国	2015/1/22	汇丰银行
343	大信资产运用株式会社	韩国	2015/1/22	中国银行
344	麦盛资产管理（亚洲）有限公司	中国香港	2015/1/22	兴业银行
345	景顺投资管理有限公司	中国香港	2015/2/6	汇丰银行
346	MY Asset 投资管理有限公司	韩国	2015/2/6	汇丰银行
347	新韩金融投资公司	韩国	2015/2/16	汇丰银行
348	兴国资产管理公司	韩国	2015/2/16	汇丰银行
349	英杰华投资亚洲私人有限公司	新加坡	2015/2/17	汇丰银行
350	中国建设银行（伦敦）有限公司	英国	2015/2/17	汇丰银行
351	达杰资金管理有限公司	新加坡	2015/2/27	汇丰银行
352	玉山商业银行股份有限公司	中国台湾	2015/2/27	中国银行
353	KKR 新加坡有限公司	新加坡	2015/3/2	建设银行
354	领航投资澳洲有限公司	澳大利亚	2015/3/2	汇丰银行
355	兴元投资管理有限公司	英国	2015/3/6	德意志银行
356	未来资产证券 株式会社	韩国	2015/3/25	汇丰银行
357	加利福尼亚大学校董会	美国	2015/3/25	德意志银行
358	信诚资产管理（新加坡）有限公司	新加坡	2015/3/31	德意志银行

续表

序号	中文名称	注册地	批准日期	主托管行
359	三星生命保险（株）	韩国	2015/3/31	中国银行
360	教保安盛资产运用（株）	韩国	2015/4/2	汇丰银行
361	迈睿思资产管理有限公司	韩国	2015/4/8	交通银行
362	安联环球投资新加坡有限公司	新加坡	2015/4/8	汇丰银行
363	方圆基金管理（香港）有限公司	中国香港	2015/4/8	中国银行
364	三星证券株式会社	韩国	2015/4/17	汇丰银行
365	GAM 国际管理有限公司	英国	2015/4/17	汇丰银行
366	华宜资产运用株式会社	韩国	2015/5/6	工商银行
367	嘉实国际资产管理（英国）有限公司	英国	2015/5/6	汇丰银行
368	文莱投资局	文莱	2015/5/7	渣打银行
369	台湾银行股份有限公司	中国台湾	2015/5/20	汇丰银行
370	淡水泉（香港）投资管理有限公司	中国香港	2015/5/20	汇丰银行
371	安联证券投资信托股份有限公司	中国台湾	2015/5/21	德意志银行
372	瑞士再保险股份有限公司	瑞士	2015/6/2	汇丰银行
373	安信资产管理（香港）有限公司	中国香港	2015/6/2	渣打银行
374	日盛证券投资信托股份有限公司	中国台湾	2015/6/2	德意志银行
375	蓝海资产管理公司	英国	2015/6/26	汇丰银行
376	KB 资产运用有限公司	韩国	2015/6/29	汇丰银行
377	CI 投资管理公司	加拿大	2015/6/29	汇丰银行
378	泛亚投资管理有限公司	瑞士	2015/6/29	汇丰银行
379	元大证券株式会社	韩国	2015/7/28	汇丰银行
380	大信证券（株）	韩国	2015/7/28	汇丰银行
381	UBI 资产管理公司	法国	2015/7/28	工商银行
382	韩国投资证券株式会社	韩国	2015/8/10	汇丰银行
383	IBK 投资证券株式会社	韩国	2015/8/10	汇丰银行
384	三星火灾海上保险公司	韩国	2015/8/31	汇丰银行
385	东方汇理资产管理新加坡有限公司	新加坡	2015/8/31	农业银行
386	Multi Asset 基金管理公司	韩国	2015/8/31	汇丰银行
387	忠诚保险有限公司	葡萄牙	2015/8/31	工商银行
388	东方汇理资产管理	法国	2015/9/17	汇丰银行

续表

序号	中文名称	注册地	批准日期	主托管行
389	Kiwoom 投资资产管理有限公司	韩国	2015/9/23	汇丰银行
390	现代投资公司（株）	韩国	2015/10/9	汇丰银行
391	挚信投资顾问（香港）有限公司	中国香港	2015/10/12	汇丰银行
392	中国工商银行（欧洲）有限公司	卢森堡	2015/11/2	汇丰银行
393	瀚亚证券投资信托股份有限公司	中国台湾	2015/11/2	汇丰银行
394	中国银行（欧洲）有限公司	卢森堡	2015/11/3	渣打银行
395	柏瑞证券投资信托股份有限公司	中国台湾	2015/11/24	花旗银行
396	保宁资产有限公司	英国	2016/1/13	花旗银行
397	贝莱德（新加坡）有限公司	新加坡	2016/1/25	汇丰银行
398	野村资产管理欧洲有限公司	德国	2016/2/1	汇丰银行
399	法国工商信贷银行有限公司	法国	2016/2/22	渣打银行
400	忠利投资卢森堡有限公司	卢森堡	2016/2/22	建设银行
401	OCTO 资产管理公司	法国	2016/2/26	工商银行
402	Avanda 投资管理私人有限公司	新加坡	2016/3/15	汇丰银行
403	瀚亚投资（新加坡）有限公司	新加坡	2016/3/17	汇丰银行
404	国泰全球投资管理有限公司	中国香港	2016/3/17	建设银行
405	广发金融交易（英国）有限公司	英国	2016/4/1	工商银行
406	安盛投资管理有限公司（巴黎）	法国	2016/4/1	浦发银行
407	辉立资金管理有限公司	新加坡	2016/4/26	工商银行
408	第一商业银行股份有限公司	中国台湾	2016/5/3	汇丰银行
409	迈达思基金管理有限公司	韩国	2016/5/6	渣打银行
410	富达投资管理（新加坡）有限公司	新加坡	2016/6/6	花旗银行
411	爱德蒙得洛希尔资产管理（法国）有限公司	法国	2016/6/8	建设银行
412	荷宝卢森堡股份有限公司	卢森堡	2016/6/8	德意志银行
413	海汇通资产管理有限公司	新加坡	2016/7/19	工商银行
414	元大证券股份有限公司	中国台湾	2016/7/19	交通银行
415	工银国际资产管理有限公司	中国香港	2016/7/19	农业银行
416	有进投资证券公司	韩国	2016/8/12	汇丰银行
417	中国光大证券资产管理有限公司	中国香港	2016/8/12	交通银行
418	株式会社新韩银行	韩国	2016/8/22	汇丰银行

续表

序号	中文名称	注册地	批准日期	主托管行
419	领航集团有限公司	美国	2016/9/1	汇丰银行
420	开泰基金管理有限公司	泰国	2016/9/9	汇丰银行
421	中邮创业国际资产管理有限公司	中国香港	2016/9/9	中国银行
422	摩根大通证券股份有限公司	英国	2016/9/28	汇丰银行
423	罗素投资管理（澳大利亚）有限公司	澳大利亚	2016/10/27	汇丰银行
424	贝莱德基金顾问公司	美国	2016/11/25	汇丰银行
425	Lemanik 资产管理股份有限公司	卢森堡	2016/11/25	工商银行
426	东方汇理资产管理（卢森堡）公司	卢森堡	2016/12/20	汇丰银行
427	招银国际资产管理有限公司	中国香港	2017/1/5	中国银行
428	中加国际资产管理有限公司	中国香港	2017/1/10	建设银行
429	信安资产管理有限公司	马来西亚	2017/1/18	汇丰银行
430	Aware 养老金私人有限公司	澳大利亚	2017/1/18	汇丰银行
431	海通银行	葡萄牙	2017/2/13	花旗银行
432	范达投资有限公司	澳大利亚	2017/2/23	工商银行
433	兴证国际资产管理有限公司	中国香港	2017/6/19	兴业银行
434	申万宏源新加坡私人有限公司	新加坡	2017/7/27	中国银行
435	Acadian 资产管理有限责任公司	美国	2017/7/27	汇丰银行
436	山证国际资产管理有限公司	中国香港	2017/8/14	交通银行
437	新加坡联盟投资管理有限公司	新加坡	2017/8/18	汇丰银行
438	WisdomTree 资产管理公司	美国	2017/10/16	汇丰银行
439	荷兰汇盈资产管理公司	荷兰	2017/11/28	汇丰银行
440	海克利尔国际投资有限责任公司	英国	2018/1/8	汇丰银行
441	美国桥水投资公司	美国	2018/5/25	汇丰银行
442	道富环球投资爱尔兰有限公司	爱尔兰	2018/5/31	汇丰银行
443	道富环球投资信托公司	美国	2018/5/31	汇丰银行
444	道富环球投资资产管理有限公司	美国	2018/5/31	汇丰银行
445	道富环球投资有限公司	英国	2018/5/31	汇丰银行
446	富善国际资产管理（香港）有限公司	中国香港	2018/7/16	建设银行
447	WisdomTree 管理有限公司	爱尔兰	2018/8/15	汇丰银行
448	中泰国际资产管理有限公司	中国香港	2018/8/15	中国银行

续表

序号	中文名称	注册地	批准日期	主托管行
449	耀之国际资产管理有限公司	中国香港	2018/9/6	工商银行
450	三井住友银行股份有限公司	日本	2018/9/30	汇丰银行
451	银华国际资本管理公司	中国香港	2018/10/8	建设银行
452	中国人保香港资产管理有限公司	中国香港	2018/10/12	建设银行
453	中邮国际（英国）有限公司	中国香港	2018/10/23	中国银行
454	瑞士嘉盛银行有限公司	瑞士	2018/11/20	建设银行
455	东吴中新资产管理（亚洲）有限公司	新加坡	2018/12/3	中国银行
456	雪湖资本（香港）有限公司	中国香港	2018/12/14	汇丰银行
457	富达管理及研究公司有限责任公司	美国	2018/12/18	汇丰银行
458	盘谷资产管理有限公司	泰国	2019/2/15	中国银行
459	柏瑞投资爱尔兰有限公司	爱尔兰	2019/2/26	汇丰银行
460	思达资本（香港）有限公司	中国香港	2019/2/27	星展银行
461	国际货币基金组织		2019/3/5	工商银行
462	野村新加坡有限公司	新加坡	2019/3/12	汇丰银行
463	乐瑞资产管理（香港）有限公司	中国香港	2019/4/17	工商银行
464	时和资产管理有限公司	中国香港	2019/4/17	工商银行
465	三菱日联银行股份有限公司	日本	2019/4/23	中国银行
466	新分享资产管理有限公司	中国香港	2019/4/28	工商银行
467	国际金融公司		2019/7/1	花旗银行
468	泰京资产管理股份有限公司	泰国	2019/7/3	中国银行
469	远信资本投资管理有限公司	中国香港	2019/7/17	工商银行
470	方正资产管理（香港）有限公司	中国香港	2019/8/19	建设银行
471	新永安国际资产管理有限公司	中国香港	2019/8/22	建设银行
472	马歇尔·伟世有限责任公司	英国	2019/8/22	汇丰银行
473	熵一资产管理有限公司	中国香港	2019/11/8	星展银行
474	思佰益资产管理株式会社	日本	2019/11/14	民生银行
475	同方证券有限公司	中国香港	2019/11/26	交通银行
476	范德堡大学	美国	2019/11/26	汇丰银行
477	高都管理有限责任公司	美国	2019/12/17	汇丰银行
478	复星恒利证券有限公司	中国香港	2019/12/31	交通银行

续表

序号	中文名称	注册地	批准日期	主托管行
479	喜马拉雅资本管理公司	美国	2020/2/12	建设银行
480	易亚阿尔法投资管理有限公司	中国香港	2020/2/25	德意志银行
481	绿洲管理（香港）	中国香港	2020/3/25	德意志银行
482	金涌资本管理有限公司	中国香港	2020/4/1	建设银行
483	Join Asset 国际资产运用株式会社	韩国	2020/4/1	建设银行
484	三井住友信托资产管理股份有限公司	日本	2020/4/1	花旗银行
485	华德国际资产管理有限公司	中国香港	2020/4/7	招商银行
486	基斯克威尔资产管理公司	美国	2020/4/13	汇丰银行
487	WT 资产管理有限公司	中国香港	2020/5/7	建设银行
488	Baillie Gifford Overseas Limited	英国	2020/5/11	汇丰银行
489	首源投资（香港）有限公司	中国香港	2020/5/13	花旗银行
490	亚升资本私人有限公司	新加坡	2020/5/13	渣打银行
491	C.M. 资本顾问公司	美国	2020/5/13	建设银行
492	建行证券有限公司	中国香港	2020/6/2	交通银行
493	简街香港有限公司	中国香港	2020/6/2	建设银行
494	九天管理（香港）有限公司	中国香港	2020/8/13	建设银行
495	浦银国际投资管理有限公司	中国香港	2020/8/27	花旗银行
496	AHL 有限责任合伙	英国	2020/8/27	汇丰银行
497	格盛投资管理有限责任公司	美国	2020/8/27	汇丰银行
498	普徕仕国际有限公司	英国	2020/9/7	汇丰银行
499	晋达北美公司	美国	2020/9/10	汇丰银行
500	弘业国际资产管理有限公司	中国香港	2020/9/27	建设银行
501	立方科研资产管理有限公司	英国	2020/9/28	花旗银行
502	析理资本有限公司	中国香港	2020/10/10	汇丰银行
503	琅润资本管理有限公司	美国	2020/10/10	花旗银行
504	元盛资产管理有限公司	英国	2020/10/15	中国银行
505	HardingLoevner 有限合伙	美国	2020/11/16	汇丰银行
506	瑞达国际资产管理（香港）有限公司	中国香港	2020/11/16	星展银行
507	昊青咨询管理有限公司	中国香港	2020/11/16	德意志银行
508	LAV 环球管理有限公司	开曼群岛	2020/11/16	建设银行

续表

序号	中文名称	注册地	批准日期	主托管行
509	三星风险投资株式会社	韩国	2020/11/16	建设银行
510	澳帝桦澳大利亚有限公司	澳大利亚	2020/11/16	建设银行
511	克而瑞证券有限公司	中国香港	2020/11/16	建设银行
512	开域资本（新加坡）有限公司	新加坡	2020/11/16	建设银行
513	博裕资本投资管理有限公司	中国香港	2020/11/16	花旗银行
514	ArtisanPartners 有限合伙	美国	2020/11/16	汇丰银行
515	西北投资管理（香港）有限公司	中国香港	2020/11/16	花旗银行
516	璞林资本（香港）有限公司	中国香港	2020/11/16	汇丰银行
517	布洛德峰投资顾问有限公司	新加坡	2020/11/16	花旗银行
518	金信期盈证券（香港）有限公司	中国香港	2020/11/17	招商银行
519	联威投资有限公司	中国香港	2020/11/17	中国银行
520	瑞士经纬投资有限公司	中国香港	2020/11/17	星展银行
521	嘉谟证券有限公司	中国香港	2020/11/23	建设银行
522	瑞明资本有限公司	中国香港	2020/11/23	星展银行
523	智睿投资顾问有限公司	中国香港	2020/11/25	星展银行
524	未来资产证券（香港）有限公司	中国香港	2020/12/3	中国银行
525	中国银行（新西兰）有限公司	新西兰	2020/12/3	工商银行
526	民银资产管理有限公司	中国香港	2020/12/7	招商银行
527	美国华平有限公司	美国	2020/12/7	花旗银行
528	平证资产管理（香港）有限公司	中国香港	2020/12/7	工商银行
529	维世资产管理（香港）有限公司	中国香港	2020/12/10	星展银行
530	巨柏资产管理（香港）有限公司	中国香港	2020/12/15	星展银行
531	雅典娜私人有限公司	新加坡	2020/12/15	星展银行
532	建信资产管理（香港）有限公司	中国香港	2020/12/15	招商银行
533	中信信惠国际资本（香港）有限公司	中国香港	2020/12/15	建设银行
534	德弘美元基金管理公司	开曼群岛	2020/12/14	花旗银行
535	彬元资本有限公司	中国香港	2020/12/14	德意志银行
536	中欧基金国际有限公司	中国香港	2020/12/14	建设银行
537	凯雷毛里求斯 CIS 投资管理公司	毛里求斯	2020/12/14	花旗银行
538	BFAM 合伙（香港）有限公司	中国香港	2020/12/14	汇丰银行

续表

序号	中文名称	注册地	批准日期	主托管行
539	幻方资本管理（香港）有限公司	中国香港	2020/12/14	建设银行
540	红杉中国投资管理有限公司	开曼群岛	2020/12/14	建设银行
541	伟华电子有限公司	中国香港	2020/12/14	建设银行
542	山河资本管理香港咨询有限公司	中国香港	2020/12/14	汇丰银行
543	Systematica 投资有限公司	泽西岛	2020/12/14	汇丰银行
544	太盟亚洲资本有限公司	开曼群岛	2020/12/14	花旗银行
545	华乐资本有限公司	中国香港	2020/12/14	汇丰银行
546	淘金者证券（香港）有限公司	中国香港	2020/12/14	工商银行
547	美国金瑞基金管理有限公司	美国	2020/12/14	汇丰银行
548	隆奥资产管理（欧洲）有限公司	英国	2020/12/25	汇丰银行
549	高谛安资本新加坡私人有限公司	新加坡	2020/12/25	工商银行
550	裕丰资产管理有限公司	中国香港	2021/1/5	建设银行
551	Bradesco 资产管理有限公司	巴西	2021/1/5	星展银行
552	光银国际资产管理有限公司	中国香港	2021/1/5	招商银行
553	香港资产管理有限公司	中国香港	2021/1/15	中国银行
554	富德资产管理（香港）有限公司	中国香港	2021/1/15	花旗银行
555	保德信投资管理定量解决方案有限责任公司	美国	2021/1/26	汇丰银行
556	东兴证券（香港）资产管理公司	中国香港	2021/1/26	中国银行
557	永安国富资产管理（香港）有限公司	中国香港	2021/2/3	中国银行
558	泓策投资管理有限公司	中国香港	2021/2/9	中国银行
559	海纳亚太有限公司	澳大利亚	2021/2/9	建设银行
560	新光证券投资信托股份有限公司	中国台湾	2021/2/10	汇丰银行
561	HRTC 有限公司	开曼群岛	2021/2/10	建设银行
562	瀚诺有限公司	英国	2021/2/10	工商银行
563	才华资本管理有限公司	中国香港	2021/2/10	建设银行
564	德骥资本管理公司	美国	2021/2/10	汇丰银行
565	泰仁资本有限公司	中国香港	2021/2/10	汇丰银行
566	锐联资产管理有限公司	中国香港	2021/2/10	工商银行
567	千禧新加坡资产管理有限公司	新加坡	2021/2/25	花旗银行
568	建岷实业投资	中国香港	2021/3/4	汇丰银行

续表

序号	中文名称	注册地	批准日期	主托管行
569	皮尔亨特公司	英国	2021/3/4	建设银行
570	阶乘管理有限公司	中国香港	2021/3/16	德意志银行
571	金锝资产管理（香港）有限公司	中国香港	2021/3/16	建设银行
572	迈普斯资本管理有限公司	中国香港	2021/3/16	花旗银行
573	长龙投资管理有限公司	中国香港	2021/3/16	汇丰银行
574	睿亚资产管理有限公司	中国香港	2021/3/16	汇丰银行
575	Oberweis 资产管理公司	美国	2021/3/16	汇丰银行
576	中泰国际资产管理（新加坡）有限公司	新加坡	2021/3/18	工商银行
577	长廊资产管理有限公司	中国香港	2021/3/18	德意志银行
578	凯华投资香港有限公司	中国香港	2021/3/17	德意志银行
579	胜利证券有限公司	中国香港	2021/3/22	建设银行
580	AROHI 资产管理有限公司	新加坡	2021/3/26	汇丰银行
581	晨曦投资管理有限公司	中国香港	2021/3/31	建设银行
582	时富资产管理有限公司	中国香港	2021/4/2	建设银行
583	方瀛研究与投资（香港）有限公司	中国香港	2021/4/12	汇丰银行
584	云栖资本有限公司	中国香港	2021/4/20	建设银行
585	中环资产投资有限公司	中国香港	2021/4/20	工商银行
586	永丰金证券股份有限公司	中国台湾	2021/4/20	浦发银行
587	腾新投资有限公司	新加坡	2021/4/20	建设银行
588	衍盛中国（香港）有限公司	中国香港	2021/4/20	星展银行
589	柏基公司	英国	2021/4/30	汇丰银行
590	鸿昇证券有限公司	中国香港	2021/4/30	中信银行
591	黑石另类投资方案有限责任公司	美国	2021/5/14	汇丰银行
592	DNCA 金融	法国	2021/5/14	汇丰银行
593	中国通海资产管理有限公司	中国香港	2021/5/19	交通银行
594	Eclipse 期货（香港）有限公司	中国香港	2021/5/19	建设银行
595	上信（香港）控股有限公司	中国香港	2021/5/21	招商银行
596	BPC 有限公司	中国香港	2021/5/26	中国银行
597	汇讯家族资产管理公司	新加坡	2021/5/28	工商银行
598	GLP Capital Investment 4 (HK) Limited	中国香港	2021/5/6	招商银行

续表

序号	中文名称	注册地	批准日期	主托管行
599	尚川实业有限公司	中国香港	2021/6/28	工商银行
600	东英投资管理有限公司	中国香港	2021/6/17	星展银行
601	保银资产管理有限公司	中国香港	2021/6/16	平安银行
602	WCM 投资管理有限责任公司	美国	2021/6/17	汇丰银行
603	迈凯希金融公司	加拿大	2021/6/11	汇丰银行
604	安联环球投资亚太有限公司	中国香港	2021/6/10	汇丰银行
605	Al Mehwar 商业投资有限责任公司	阿联酋	2021/6/16	汇丰银行
606	元库证券有限公司	中国香港	2021/6/17	工商银行
607	Quaero 资本有限责任合伙	英国	2021/6/18	汇丰银行
608	沛达投资管理有限公司	中国香港	2021/6/24	汇丰银行
609	鲍尔可持续发展投资管理有限公司	加拿大	2021/6/28	建设银行
610	De Tiger 资本有限公司	中国香港	2021/6/24	招商银行
611	大岩资本香港有限公司	中国香港	2021/6/24	工商银行
612	磊亚投资顾问有限公司	中国香港	2021/6/4	花旗银行
613	DTL 量化投资管理有限公司	新加坡	2021/7/5	建设银行
614	佰利资产管理有限合伙	美国	2021/7/5	花旗银行
615	台中银证券投资信托股份有限公司	中国台湾	2021/7/5	汇丰银行
616	源峰基金管理有限公司	中国香港	2021/7/5	中国银行
617	清池资本（香港）有限公司	中国香港	2021/7/5	花旗银行
618	鼎亚资本（新加坡）私人有限公司	新加坡	2021/7/5	汇丰银行
619	涛合研究资本新加坡有限公司	新加坡	2021/7/19	建设银行
620	天元资本有限公司	中国香港	2021/7/21	汇丰银行
621	KENSHO 控股有限公司	美国	2021/7/22	建设银行
622	邮政银行资产管理公司	法国	2021/7/26	汇丰银行
623	凯基国际（香港）有限公司	中国香港	2021/7/28	中国银行
624	赛格资产管理有限公司	南非	2021/7/28	汇丰银行
625	中国银河国际资产管理（香港）有限公司	中国香港	2021/8/11	交通银行
626	社会保险总局	沙特阿拉伯	2021/8/19	汇丰银行
627	科威特投资办公室	科威特	2021/8/24	汇丰银行
628	淡明资本私人有限公司	新加坡	2021/8/25	汇丰银行

续表

序号	中文名称	注册地	批准日期	主托管行
629	Timefolio资产管理新加坡私人投资有限公司	新加坡	2021/9/17	花旗银行
630	启行资本管理新加坡私人有限公司	新加坡	2021/9/2	花旗银行
631	贝恩资本（新加坡）有限公司	新加坡	2021/9/2	建设银行
632	无极资本管理有限公司	中国香港	2021/9/17	花旗银行
633	立格资本投资有限公司	新加坡	2021/9/2	渣打银行
634	腾跃基金	美国	2021/9/17	花旗银行
635	海德资产管理有限公司	中国香港	2021/9/3	汇丰银行
636	中达资产管理有限公司	中国香港	2021/9/2	交通银行
637	文渊资本管理有限公司	中国香港	2021/9/17	汇丰银行
638	LMR Partners有限公司	中国香港	2021/9/2	汇丰银行
639	贝克兄弟顾问有限合伙	美国	2021/9/3	花旗银行
640	天风国际资产管理有限公司	中国香港	2021/9/17	民生银行
641	路博迈投资顾问有限责任公司	美国	2021/9/17	中国银行
642	法拉龙资本投资有限责任公司	美国	2021/9/15	花旗银行
643	威廉欧奈尔全球投资顾问公司	美国	2021/9/24	建设银行
644	丰晟资本管理有限公司	开曼群岛	2021/9/24	星展银行
645	弘源资本有限公司	中国香港	2021/10/14	中国银行
646	国联证券国际资产管理有限公司	中国香港	2021/10/28	招商银行
647	中信证券国际资本管理有限公司	英属维尔京群岛	2021/10/15	花旗银行
648	元库资产管理有限公司	中国香港	2021/10/28	工商银行
649	黑石另类资产管理有限合伙	美国	2021/10/25	汇丰银行
650	首源投资（新加坡）	新加坡	2021/10/26	花旗银行
651	塔菲石资本管理有限公司	美国	2021/11/1	中国银行
652	好买香港有限公司	中国香港	2021/11/1	中国银行
653	华普资本有限公司	中国香港	2021/11/1	招商银行
654	第一上海证券有限公司	中国香港	2021/11/1	中国银行
655	公共投资基金	沙特阿拉伯	2021/11/5	汇丰银行
656	Weiss资产管理有限合伙	美国	2021/11/11	汇丰银行
657	南华资产管理（新加坡）有限公司	新加坡	2021/11/9	星展银行

续表

序号	中文名称	注册地	批准日期	主托管行
658	信银（香港）资本有限公司	中国香港	2021/11/26	交通银行
659	橡树资本管理有限公司	新加坡	2021/11/26	汇丰银行
660	扬帆资本（新加坡）私人有限公司	新加坡	2021/11/29	德意志银行
661	六福资产管理（香港）有限公司	中国香港	2021/12/14	浦发银行
662	迈德瑞资产管理有限公司	法国	2021/12/14	建设银行
663	中国信托证券投资信托股份有限公司	中国台湾	2021/12/21	花旗银行
664	信安证券投资股份有限公司	奥地利	2021/12/1	渣打银行
665	中国资本投资管理有限公司	中国香港	2021/12/6	中国银行
666	加皇环球资产管理（亚洲）有限公司	中国香港	2021/12/2	渣打银行
667	盛富德战略顾问（新加坡）有限公司	新加坡	2021/12/14	汇丰银行
668	安本香港有限公司	中国香港	2021/12/23	花旗银行
669	亿度资本合伙人有限公司	美国	2022/1/12	花旗银行
670	SPB 银行股份公司	俄罗斯	2022/1/14	建设银行
671	拓可资本（香港）有限公司	中国香港	2022/1/21	汇丰银行
672	融石资本有限公司（新加坡）	新加坡	2022/1/28	工商银行
673	东方汇理意大利有限公司	意大利	2022/1/29	汇丰银行
674	首源投资 Realindex 私人有限公司	澳大利亚	2022/2/18	花旗银行
675	首源投资（澳大利亚）IM 有限公司	澳大利亚	2022/2/18	花旗银行
676	首源投资（澳大利亚）RE 有限公司	澳大利亚	2022/2/18	花旗银行
677	灯塔投资合伙有限公司	美国	2022/2/17	花旗银行
678	瑞橡资本管理有限公司	中国香港	2022/2/28	招商银行
679	首程控股有限公司	中国香港	2022/3/1	招商银行
680	东方资产管理（香港）有限公司	中国香港	2022/3/15	中国银行
681	禾瑞添资本管理有限公司	新加坡	2022/3/18	汇丰银行
682	Origin 资产管理有限责任合伙	英国	2022/3/25	汇丰银行
683	瀚嘉资产管理有限公司	新加坡	2022/4/6	星展银行
684	中国太保投资管理（香港）有限公司	中国香港	2022/4/6	中国银行
685	博领资产管理有限公司	中国香港	2022/4/19	德意志银行
686	摩根大通基石有限公司	美国	2022/4/22	汇丰银行
687	美国富港银行	美国	2022/4/25	建设银行

续表

序号	中文名称	注册地	批准日期	主托管行
688	胜利资本管理公司	美国	2022/4/27	花旗银行
689	Wasatch 顾问公司	美国	2022/5/6	汇丰银行
690	阿托斯资本有限公司	中国香港	2022/5/13	汇丰银行
691	盛诺金基金管理有限公司	中国香港	2022/5/13	建设银行
692	南方东英资产管理有限公司（新加坡）	新加坡	2022/5/16	汇丰银行
693	璟裕资本管理有限公司	中国香港	2022/5/17	兴业银行
694	澎睿投资管理有限公司	美国	2022/5/20	汇丰银行
695	大道环球（香港）有限公司	中国香港	2022/5/23	建设银行
696	福途新加坡私人有限公司	新加坡	2022/5/29	星展银行
697	博石资本有限公司	中国香港	2022/5/29	建设银行
698	盛诺投资有限合伙	英国	2022/5/30	汇丰银行
699	高腾国际资产管理有限公司	中国香港	2022/6/7	中国银行
700	瀚涛基金有限公司	中国香港	2022/6/13	汇丰银行
701	Numeric 投资者有限责任公司	美国	2022/6/13	汇丰银行
702	林顿顾问（香港）有限公司	中国香港	2022/7/18	德意志银行
703	欧力士亚洲资本有限公司	中国香港	2022/7/18	建设银行
704	Investmath 有限公司	新加坡	2022/7/19	工商银行
705	BlueCrest 资本管理泽西有限公司	泽西岛	2022/7/22	花旗银行
706	Connor，Clark & Lunn 投资管理有限公司	加拿大	2022/8/12	汇丰银行
707	联丰亨保险有限公司	中国澳门	2022/8/18	招商银行
708	联丰亨人寿保险股份有限公司	中国澳门	2022/8/18	招商银行
709	Alpha Oryx 有限公司	阿联酋	2022/8/18	花旗银行
710	澳门国际银行股份有限公司	中国澳门	2022/8/18	招商银行
711	志投顾问有限公司	开曼群岛	2022/8/24	星展银行
712	自由金融全球有限公司	哈萨克斯坦	2022/9/5	建设银行
713	富盈交易亚洲有限公司	新加坡	2022/9/15	建设银行
714	德劲（亚太）有限公司	中国香港	2022/9/15	花旗银行
715	ASL 证券股份有限公司	泰国	2022/9/22	中国银行
716	ALT 投资管理有限公司	开曼群岛	2022/9/22	建设银行
717	信庭投资国际有限公司	中国香港	2022/9/26	渣打银行

续表

序号	中文名称	注册地	批准日期	主托管行
718	盈为资本有限责任公司	美国	2022/9/26	花旗银行
719	英卓投资管理有限公司	英国	2022/9/26	汇丰银行
720	拔萃国际资产管理有限公司	中国香港	2022/9/27	工商银行
721	阿通联有限责任公司	塞浦路斯	2022/9/28	建设银行
722	百润资本管理公司	美国	2022/9/28	汇丰银行
723	BAMCO 公司	美国	2022/9/28	汇丰银行
724	焦点视野 DMCC 公司	阿联酋	2022/10/11	星展银行
725	亚狮资本（香港）有限公司	中国香港	2022/10/24	建设银行
726	梅萨投资合伙公司	美国	2022/10/26	建设银行
727	领升基金管理公司	新西兰	2022/11/1	建设银行
728	圣彼得堡银行	俄罗斯	2022/11/4	中国银行
729	兴隆国际金业交易有限公司	新加坡	2022/11/7	中国银行
730	约翰街资本有限公司	英国	2022/11/7	星展银行
731	亮点资本有限公司	新加坡	2022/11/15	中国银行
732	威灵顿管理香港有限公司	中国香港	2022/11/17	汇丰银行
733	复瑞渤商贸新加坡有限公司	新加坡	2022/11/17	建设银行
734	XTX 市场有限公司	新加坡	2022/11/21	建设银行
735	古塔资本（新加坡）有限公司	新加坡	2022/11/29	星展银行
736	格林兰特投资管理	毛里求斯	2022/11/30	建设银行
737	宽立资本有限公司	英国	2022/12/4	汇丰银行
738	部门基金服务股份公司	挪威	2022/12/7	汇丰银行
739	伊藤忠塑胶私人有限公司	新加坡	2022/12/30	交通银行
740	传译趋势私人有限公司	荷兰	2022/12/30	星展银行

附表6　　合格境外投资者托管银行一览表

序号	合格境外投资者托管行中文名称
1	汇丰银行（中国）有限公司
2	花旗银行（中国）有限公司
3	渣打银行（中国）有限公司
4	中国工商银行股份有限公司
5	中国银行股份有限公司
6	中国农业银行股份有限公司
7	交通银行股份有限公司
8	中国建设银行股份有限公司
9	中国光大银行股份有限公司
10	中国招商银行股份有限公司
11	德意志银行（中国）有限公司
12	星展银行（中国）有限公司
13	中国中信银行股份有限公司
14	上海浦东发展银行股份有限公司
15	中国民生银行股份有限公司
16	三菱东京日联银行（中国）有限公司
17	兴业银行股份有限公司
18	平安银行股份有限公司
19	华夏银行股份有限公司
20	江苏银行股份有限公司
21	法国巴黎银行（中国）有限公司
22	宁波银行股份有限公司

附表7　　境外证券类机构驻华代表处一览表

序号	代表处名称	代表处所在地
1	日本盛华日兴证券株式会社北京代表处	北京
2	韩国投资证券株式会社北京代表处	北京
3	加拿大迈凯希金融公司北京代表处	北京
4	美国富瑞金融集团北京代表处	北京
5	韩国三星证券公司北京代表处	北京
6	香港致富证券有限公司北京代表处	北京
7	美国桥水投资公司北京代表处	北京
8	新加坡摩根士丹利投资管理公司北京代表处	北京
9	法国法盛投资管理公司北京代表处	北京
10	日本摩乃科斯证券股份有限公司北京代表处	北京
11	富达基金（香港）有限公司北京代表处	北京
12	交银国际控股有限公司北京代表处	北京
13	韩国未来资产证券股份有限公司北京代表处	北京
14	日本三井住友信托银行股份有限公司（证券业务）北京代表处	北京
15	香港摩根资产管理（亚太）有限公司北京代表处	北京
16	蒙特利尔银行利时证券公司北京代表处	北京
17	香港第一上海融资有限公司北京代表处	北京
18	日本瑞穗证券股份有限公司北京代表处	北京
19	德意志银行股份有限公司（证券业务）北京代表处	北京
20	香港摩根大通证券（亚太）有限公司北京代表处	北京
21	台湾元大证券股份有限公司北京代表处	北京
22	香港上海汇丰银行有限公司（证券业务）北京代表处	北京
23	京华山一国际（香港）有限公司北京代表处	北京
24	信安环球投资有限公司北京代表处	北京
25	邓普顿国际股份有限公司北京代表处	北京
26	宏富投资管理有限公司北京代表处	北京
27	中银国际控股有限公司北京代表处	北京
28	法国巴黎资本（亚洲）有限公司北京代表处	北京

续表

序号	代表处名称	代表处所在地
29	摩根士丹利亚洲有限公司北京代表处	北京
30	花旗环球金融中国有限公司北京代表处	北京
31	美林国际有限公司北京代表处	北京
32	高盛（中国）有限责任公司北京代表处	北京
33	瑞士信贷（香港）有限公司北京代表处	北京
34	日本大和证券株式会社北京代表处	北京
35	日本野村证券株式会社北京代表处	北京
36	香港富盈交易香港有限公司上海代表处	上海
37	新加坡萨默塞特资本管理有限公司上海代表处	上海
38	台湾美好证券股份有限公司上海代表处	上海
39	马来西亚城市信贷投资银行有限公司上海代表处	上海
40	富兰克林华美证券投资信托股份有限公司上海代表处	上海
41	坤信国际证券有限公司上海代表处	上海
42	韩国投资信托运用株式会社上海代表处	上海
43	韩国未来资产证券股份有限公司上海代表处	上海
44	华南永昌综合证券股份有限公司上海代表处	上海
45	韩国爱思开证券股份有限公司上海代表处	上海
46	蓝泽证券股份有限公司上海代表处	上海
47	韩国新韩投资证券股份有限公司上海代表处	上海
48	东洋证券股份有限公司上海代表处	上海
49	致富证券有限公司上海代表处	上海
50	麦格理证券（澳大利亚）股份有限公司上海代表处	上海
51	冈三证券股份有限公司上海代表处	上海
52	日本三井住友德思资产管理股份有限公司上海代表处	上海
53	日本瑞穗证券股份有限公司上海代表处	上海
54	瑞士信贷（香港）有限公司上海代表处	上海
55	台湾元大证券股份有限公司上海代表处	上海
56	法国兴业证券（香港）有限公司上海代表处	上海
57	内藤证券公司上海代表处	上海
58	中国香港上海汇丰银行有限公司（证券业务）上海代表处	上海
59	海通国际证券有限公司上海代表处	上海

续表

序号	代表处名称	代表处所在地
60	凯基证券亚洲有限公司上海代表处	上海
61	日盛嘉富证券国际有限公司上海代表处	上海
62	永丰金证券（亚洲）有限公司上海代表处	上海
63	韩国国民证券公司上海代表处	上海
64	群益国际控股有限公司上海代表处	上海
65	韩国农协投资证券公司上海代表处	上海
66	高盛（中国）有限责任公司上海代表处	上海
67	中信里昂证券有限公司上海代表处	上海
68	美国美林国际有限公司上海代表处	上海
69	法国巴黎资本（亚洲）有限公司上海代表处	上海
70	野村证券株式会社上海代表处	上海
71	韩国韩亚证券株式会社深圳代表处	深圳
72	元大证券（香港）有限公司深圳代表处	深圳
73	香港致富证券有限公司深圳代表处	深圳
74	香港中国通海证券有限公司沈阳代表处	沈阳

附表8　　　　　　　　　　境外交易所驻华代表处一览表

序号	驻华代表处名称	所在城市	备案或批准时间
1	美国纽约商品交易所股份有限公司北京代表处	北京	2021/10
2	美国芝加哥期货交易所股份有限公司北京代表处	北京	2021/10
3	美国纽约商业交易所股份有限公司北京代表处	北京	2021/10
4	美国芝加哥商业交易所股份有限公司北京代表处	北京	2021/10
5	巴西证券期货交易所上海代表处	上海	2013/3
6	德国德意志交易所股份有限公司北京代表处	北京	2008/9
7	伦敦证券交易所有限责任公司北京代表处	北京	2008/1
8	新加坡交易所有限公司北京代表处	北京	2007/11
9	韩国交易所北京代表处	北京	2007/11
10	日本东京证券交易所株式会社北京代表处	北京	2007/10
11	美国纳斯达克股票市场有限责任公司北京代表处	北京	2007/9
12	美国纽约证券交易所有限责任公司北京代表处	北京	2007/9
13	香港交易及结算所有限公司北京代表处	北京	2003/9

附表9 双边监管合作谅解备忘录一览表

序号	国家/地区	境外监管机构名称	签署时间	合作文件名称	备注
1	香港特别行政区	香港证券及期货事务监察委员会	1993/6/19	监管合作备忘录	
			1995/7/4	有关期货事宜的监管合作备忘录	
			2016/11/3	内地与香港股票市场交易互联互通机制下中国证监会与香港证监会加强监管执法合作备忘录	
			2017/12/29	关于期货事宜的监管及执法合作备忘录	
2	美国	美国证券交易委员会	1994/4/28	关于合作、磋商及技术协助的谅解备忘录	
		美国商品期货交易委员会	2002/1/18	期货监管合作谅解备忘录	
		美国证券交易委员会	2006/5/2	中国证券监督管理委员会与美国证券交易委员会合作条款	
3	新加坡	新加坡金融管理局	1995/11/30	关于监管证券和期货活动的相关合作与信息互换的备忘录	
			2018/11/12	关于期货监管合作与信息交换的谅解备忘录	
4	澳大利亚	澳大利亚证券委员会	1996/5/23	证券期货监管合作谅解备忘录	

续表

序号	国家/地区	境外监管机构名称	签署时间	合作文件名称	备注
5	英国	英国财政部、英国证券与投资委员会	1996/10/7	证券期货监管合作谅解备忘录	
		英国金融行为监管局	2018/10/17	上海与伦敦证券市场互联互通机制监管合作谅解备忘录	
6	日本	日本大藏省	1997/3/18	谅解备忘录	
		日本金融厅	2018/10/26	关于促进两国证券市场合作的谅解备忘录	
7	马来西亚	马来西亚证券委员会	1997/4/18	证券期货监管合作谅解备忘录	
8	巴西	巴西证券委员会	1997/11/13	证券监管合作谅解备忘录	
9	法国	法国金融市场委员会（现译为法国金融市场管理局）	1998/3/4	证券期货监管合作谅解备忘录	
			2006/12/7	中国证监会与法国金融市场委员会关于相互合作的函	
		法国金融市场管理局	2018/12/7	法国金融市场管理局与中国证券监督管理委员会关于合作之谅解备忘录	
		法国金融市场管理局	2019/3/25	关于金融领域创新合作之谅解备忘录	
10	意大利	意大利国家证券监管委员会	1999/11/3	证券期货监管合作谅解备忘录	
11	埃及	埃及资本市场监管委员会	2000/6/22	证券监管合作谅解备忘录	
12	罗马尼亚	罗马尼亚国家证券委员会	2002/6/27	证券期货监管合作谅解备忘录	
13	南非	南非金融服务委员会	2002/10/29	证券期货监管合作谅解备忘录	
14	荷兰	荷兰金融市场委员会	2002/11/1	证券期货监管合作谅解备忘录	
15	比利时	比利时银行及金融委员会	2002/11/26	证券期货监管合作谅解备忘录	

续表

序号	国家/地区	境外监管机构名称	签署时间	合作文件名称	备注
16	加拿大	加拿大证券监管机构初始参与成员	2003/3/21	证券期货监管合作谅解备忘录	
17	瑞士	瑞士联邦银行委员会	2003/5/22	证券期货监管合作谅解备忘录	
18	印度尼西亚	印度尼西亚资本市场监管委员会	2003/12/9	关于相互协助和信息交流的谅解备忘录	
		印度尼西亚商品期货交易监管局	2004/10/14	期货监管合作谅解备忘录	
19	新西兰	新西兰证券委员会	2004/2/20	证券期货监管合作谅解备忘录	
20	葡萄牙	葡萄牙证券市场委员会	2004/10/26	证券期货监管合作谅解备忘录	
21	尼日利亚	尼日利亚证券交易委员会	2005/6/14	证券期货监管合作谅解备忘录	
22	越南	越南证券委员会	2005/6/27	证券期货监管合作谅解备忘录	
23	印度	印度证券及交易委员会	2006/9/15	证券期货监管合作谅解备忘录	2015年9月，印度远期市场委员会（FMC）与印度证券交易委员会（SEBI）合并，FMC与中国证监会签署的商品期货监管合作谅解备忘录由SEBI继承。
		印度远期市场委员会	2006/11/21	商品期货监管合作谅解备忘录	
24	阿根廷	阿根廷国家证券委员会	2006/9/20	证券期货监管合作谅解备忘录	
25	约旦	约旦证券委员会	2006/9/20	证券期货监管合作谅解备忘录	
26	挪威	挪威金融监管委员会	2006/9/26	证券期货监管合作谅解备忘录	
27	土耳其	土耳其资本市场委员会	2006/11/10	证券期货监管合作谅解备忘录	

续表

序号	国家/地区	境外监管机构名称	签署时间	合作文件名称	备注
28	阿联酋	阿联酋证券商品委员会	2006/12/6	证券期货监管合作谅解备忘录	
29	泰国	泰国证券交易委员会	2007/4/11	证券期货监管合作谅解备忘录	
30	列支敦士登	列支敦士登金融管理局	2008/1/15	证券期货监管合作谅解备忘录	
31	蒙古	蒙古金融监管委员会	2008/1/24	证券监管合作谅解备忘录	
32	迪拜	迪拜金融服务局	2008/9/27	证券期货监管合作谅解备忘录	
33	爱尔兰	爱尔兰金融服务监管局	2008/10/23	证券期货监管合作谅解备忘录	
34	奥地利	奥地利金融市场管理局	2008/10/30	证券期货监管合作谅解备忘录	
35	西班牙	西班牙国家证券市场委员会	2009/10/6	证券期货监管合作谅解备忘录	
36	台湾地区	台湾方面金融监督管理机构	2009/11/6	海峡两岸证券及期货监督管理合作谅解备忘录	
37	马耳他	马耳他金融服务局	2010/1/26	证券期货监管合作谅解备忘录	
38	科威特	科威特股票交易所委员会	2010/5/5	证券期货监管合作谅解备忘录	
39	巴基斯坦	巴基斯坦证券交易委员会	2010/12/17	证券期货监管合作谅解备忘录	
40	以色列	以色列证券管理局	2011/3/29	证券期货监管合作谅解备忘录	
41	卡塔尔	卡塔尔金融市场管理局	2011/4/7	证券期货监管合作谅解备忘录	
42	老挝	老挝证券交易委员会	2011/9/19	证券期货监管合作谅解备忘录	
43	瑞典	瑞典金融监督局	2012/4/24	证券期货监管合作谅解备忘录	
44	塞浦路斯	塞浦路斯证券交易委员会	2012/5/17	证券期货监管合作谅解备忘录	

续表

序号	国家/地区	境外监管机构名称	签署时间	合作文件名称	备注
45	卢森堡	卢森堡金融监管委员会	2012/5/17	证券期货监管合作谅解备忘录	取代1998年5月18日中国证监会与卢森堡证券委员会签署的《证券监管合作谅解备忘录》
46	乌克兰	乌克兰国家证券和股市委员会	2013/8/30	证券期货监管合作谅解备忘录	取代1997年12月22日中国证监会与乌克兰证券市委员会签署的《证监管合作谅解备忘录》
47	立陶宛	立陶宛银行	2013/9/13	证券期货监管合作谅解备忘录	
48	根西岛	根西金融服务委员会	2013/11/18	证券期货监管合作谅解备忘录	
49	白俄罗斯	白俄罗斯共和国财政部	2014/1/20	证券期货监管合作谅解备忘录	
50	文莱	文莱金融管理局	2014/2/17	证券期货监管合作谅解备忘录	
51	泽西岛	泽西岛金融服务委员会	2014/4/9	证券期货监管合作谅解备忘录	
52	马恩岛	马恩岛金融监督管理委员会	2014/6/9	证券期货监管合作谅解备忘录	
53	波兰	波兰金融监督管理局	2015/3/23	证券期货监管合作谅解备忘录	
54	哈萨克斯坦	哈萨克斯坦国家银行	2015/5/13	证券期货监管合作谅解备忘录	
55	阿塞拜疆	阿斯塔纳金融服务管理局	2018/2/9	证券期货监管合作谅解备忘录	
	阿塞拜疆	阿塞拜疆国家证券委员会	2015/5/19	证券期货监管合作谅解备忘录	
56	俄罗斯	俄罗斯中央银行	2016/6/25	证券期货监管合作谅解备忘录	取代2008年8月8日中国证监会与俄罗斯联邦金融市场监督总局签署的《证券期货监管合作谅解备忘录》

续表

序号	国家/地区	境外监管机构名称	签署时间	合作文件名称	备注
57	阿布扎比	阿布扎比全球市场金融服务监管局	2016/7/14	证券期货监管合作谅解备忘录	
58	智利	智利证券和保险监管局	2017/5/13	证券监管合作谅解备忘录	
59	希腊	希腊资本市场委员会	2017/8/31	证券期货及其他投资产品监管合作谅解备忘录	
60	韩国	韩国金融服务委员会/韩国金融监督院	2018/5/28	证券期货监管合作谅解备忘录	取代2001年6月19日中国证监会与韩国金融监督委员会签署的《证券期货监管合作安排》
61	伊朗	伊朗证券和交易所组织	2018/6/10	证券期货及其他投资产品监管合作谅解备忘录	
62	开曼群岛	开曼群岛金融管理局	2018/11/5	证券期货监管合作谅解备忘录	
63	德国	德国联邦金融监管局	2019/1/18	证券期货监管合作谅解备忘录	取代1998年10月8日中国证监会与德国联邦证券监管委员会《证券监管合作谅解备忘录》
			2019/3/18	关于期货监管合作与信息交换的谅解备忘录附函	
64	柬埔寨	柬埔寨证券交易委员会	2019/6/21	证券期货监管合作谅解备忘录	
65	澳门特别行政区	澳门金融管理局	2020/6/30	合作备忘录	
66	直布罗陀	直布罗陀金融服务委员会	2020/12/22	证券期货监管合作谅解备忘录	
67	匈牙利	匈牙利中央银行	2021/7/26	证券期货监管合作谅解备忘录	

后记

在《中国证券监督管理委员会年报（2022）》的编写过程中，我们得到了各部门和系统内各单位的大力支持，在此表示衷心感谢，并特别感谢以下人员对此项工作的贡献：

年报编写组（按姓氏笔画排序）

马 珊	王 利	王海平	王 晶	王 魁	毛寒松	石友竹	刘细宪	刘 原
闫弘轩	李亚东	李 娜	杨斯尧	余兆纬	张 凡	张 正	张 欢	张垚煜
张峰润	张 鹂	张新迪	陈清云	赵汉卿	赵凯婕	桂莅鑫	高 玥	黄思成
崔文迁	董 田	董芳园	蒋海瑞					

在年报的设计出版过程中，中国财政经济出版社等机构提供了协助，在此表示衷心感谢。

由于年报编写设计时间有限，书中难免有疏漏之处，欢迎提出宝贵意见。相关意见建议请发送电子邮件至 contact@cifcm.cn，我们将及时予以反馈。

中证金融研究院

2023年6月

中国证券监督管理委员会

热线电话：12386
信访电话：010-66210182
　　　　　010-66210166
网　　址：www.csrc.gov.cn
地　　址：中国北京西城区金融大街19号富凯大厦（100033）
微　　博：人民网：http://t.people.com.cn/csrcfabu
　　　　　新浪网：http://weibo.com/csrcfabu

微信公众号：证监会发布